JN207327

障害のある

10代のための困りごと
解決ハンドブック

あなたがあなたらしく生きるためのヒント

野口晃菜 松波めぐみ
編著

現代書館

こんな困りごと<ruby>困<rt>こま</rt></ruby>りごと ありますか？

この<ruby>本<rt>ほん</rt></ruby>について

- <ruby>学校<rt>がっこう</rt></ruby>に<ruby>行<rt>い</rt></ruby>くの、しんどいな。
- どうして わたしだけ、<ruby>他<rt>ほか</rt></ruby>の<ruby>人<rt>ひと</rt></ruby>と ちがうんだろう？
- <ruby>恋人<rt>こいびと</rt></ruby>が ほしいけれど、どうしたらいいのかな？
- <ruby>将来<rt>しょうらい</rt></ruby>、ひとり<ruby>暮<rt>く</rt></ruby>らしをしたいけれど、

  わたしにも できるのかな？
- <ruby>同<rt>おな</rt></ruby>じ<ruby>障害<rt>しょうがい</rt></ruby>のある<ruby>人<rt>ひと</rt></ruby>と <ruby>知<rt>し</rt></ruby>り<ruby>合<rt>あ</rt></ruby>いたいけれど、

  どうしたら <ruby>知<rt>し</rt></ruby>り<ruby>合<rt>あ</rt></ruby>えるのかな？
- わたしは いま <ruby>困<rt>こま</rt></ruby>っているけれど、

  だれに<ruby>相談<rt>そうだん</rt></ruby>したらいいのか わからないな。

あなたは、<ruby>学校<rt>がっこう</rt></ruby>や<ruby>友<rt>とも</rt></ruby>だち、
<ruby>恋人<rt>こいびと</rt></ruby>や<ruby>家族<rt>かぞく</rt></ruby>、<ruby>進路<rt>しんろ</rt></ruby>や<ruby>将来<rt>しょうらい</rt></ruby>について
なやみごとや <ruby>困<rt>こま</rt></ruby>りごとを かかえていませんか。

いま <ruby>困<rt>こま</rt></ruby>っていることや、
<ruby>将来<rt>しょうらい</rt></ruby>についての <ruby>不安<rt>ふあん</rt></ruby>など、
<ruby>人<rt>ひと</rt></ruby>には なかなか<ruby>言<rt>い</rt></ruby>いづらいことも

あるかもしれません。

この本は、あなたが 幸せに生きるための本です。

困りごとが ある時に、 どうしたらいいのか、

自分も まわりの人も 大切にするためには

どうしたらいいのか、

あなたが 歩みたい人生を 歩むためには

どうしたらいいのか、

この本には、考えるヒントが 書いてあります。

この本を とおして、いろいろな困りごとの 解決策や、

人生の先輩が どう解決してきたのか を

知ってもらえると、 うれしいです。

この本を読んでほしい人

この本を 手にとった人の中には

「障害」の診断が ある人も

「障害」の診断が ない人も いるでしょう。

診断があっても なくても、

あなたが生きているなかで 困っていたり、

「障害」について 知りたいなと

思った時に、読んでみてください。

＊病名について、執筆者が診断を受けた当時のもので表記しています

この本の使いかた

❶ 困っていることが ある時

→ 目次を見て、あなたが困っていることを 見つける

→ 読んでみよう

❷ 何に困っているか よく わからない時

→ はじめから 読んでみる

→ 大人（親や先生）に「どこを読めばいいと思う？」と 聞いてみる

❸ 困っていないけど なんだか気になることが ある時

→ ページをめくって、気になるイラストを 見つけて、
そのイラストの前と後に書いてあることを 読んでみよう

❹ 自分の障害についての 困りごとの解決策を 知りたい

→ 自分と同じ障害のマークがあるページを 読んでみよう

ちょうかくしょうがい
聴覚障害

ち てきしょうがい
知的障害

はったつしょうがい
発達障害

し かくしょうがい
視覚障害

しんたいしょうがい
身体障害

目次

この本で大切な考えかた

学校についての困りごと

友だちについての困りごと

詳しく知りたいあなたへ

いま なやんでいる あなたへ

恋愛についての困りごと

詳しく知りたいあなたへ

いま なやんでいる あなたへ

家族についての困りごと

詳しく知りたいあなたへ

いま なやんでいる 家族へ

進路・進学・大学生活についての困りごと

詳しく知りたいあなたへ

いま なやんでいる あなたへ

暮らしについての困りごと

詳しく 知りたいあなたへ

いま なやんでいる あなたへ

はたらくことについての困りごと

いま なやんでいる あなたへ

楽しみについての困りごと

いま なやんでいる あなたへ

障害についての困りごと

イラスト：根津あやぼ

この本で
大切な
考えかた

「原因」は どこにある？
社会モデルの考えかた

個人モデルの考えかた

車いすにのっている A さんがいます。
A さんは 歩道の段差をあがれず、困っています。
困っていることの「原因」は どこにありますか？
読み書き障害のある B さんがいます。
B さんは 教科書を読むことができず、困っています。
困っていることの「原因」は どこにありますか？

これまで、障害のある人が 困りごとを かかえるのは、
「その人に障害があるからだ」と 考えられてきました。
たとえば、A さんが 段差をあがることが できない理由は、
「A さんに障害があって 自分の足で歩けないから」と
考えられてきました。

Bさんが 教科書を読む時に 困る理由は、
「Bさんに 読み書き障害があるから」と 考えられてきました。
この考えかたを、専門的な言いかたで、
「個人モデル」と 言います。

社会モデルの考えかた

最近は、ちがう考えかたに なってきています。
新しい考えかたは、
「障害のある人が 困りごとを かかえるのは、
社会が 障害のある人のことを
考えてつくられていないから」
という 考えかたです。

障害のない人には 当たりまえに 使えるものが
Aさんには 使えなかったり、
障害のない人には わかる情報が
Bさんには わかりづらかったりするのは、
社会のほうに 障壁（バリア）があるからです。
この考えかたを「**社会モデル**」と 言います。

たとえば、スロープやエレベーターが どこにでもあったり、

電子教科書で 音声の読みあげが 当たりまえに できれば、

A さんや B さんが 困ることは ないでしょう。

その他にも、手話通訳が どの窓口にもいたり、

どの看板にも 漢字に ふりがなが ふってあったりしたら、

困りごとが なくなる人がいます。

みんなが過ごしやすい社会

この社会は、障害のある人たちよりも

障害のない人のほうが、数がずっと多いです。

そうなると、物事を決めたり、

建物や仕組みを つくったりするのは、

障害のない人ばかりです。

だから、**障害のある人が いることを知らずに、**

つくられた建物や仕組みが 多いのです。

これは 社会の問題です。

これからは、社会モデルを もとにして、
障害がある人もいっしょに ものごとを 決めたり、
建物や仕組みを つくったりすることが 大切です。

そうすることで、だれもが 過ごしやすい
学校や会社、地域を つくることができます。

困っている時は 遠慮なく 伝えよう！ 合理的配慮

合理的配慮ってなに？

いまの社会は、障害のない人を 中心に つくられた社会です。

そのため、障害のある人にとって、

不便で困ることが たくさんあります。

たとえば、スロープやエレベーターがない駅や建物は

たくさんあります。

そんな時、車いすにのっている人は、

「車いすごと 持ちあげてほしい」

「スロープを 持ってきてほしい」 など、移動の不便を

解決する方法を 駅員や店員に 伝える権利があります。

その他にも、学校の授業中や テストの時に、

文字を 書きづらい人は、「時間を のばしてほしい」

「文字を書く代わりに パソコンを使いたい」 など

書く不便を解決する方法を

先生に 伝える権利があります。

このように、**困っている時や 不便がある時に**
まわりの人に「こうしてほしい」と伝えて、
まわりの人と いっしょに 不便をなくす方法を考えることを、
「合理的配慮」と いいます。

合理的配慮は、障害のある人が 持っている権利です。
合理的配慮は、学校で授業を受ける時、受験をする時、
会社で仕事をする時、町を移動する時など、
いろいろな場面で 伝えることが できます。

合理的配慮を受けるためには、
あなたが どんな時に どう困るのか、
そして、どんな工夫を してほしいのかを、
わかっておくことも大切です。

解決策を話しあうこと

あなたが「合理的配慮を してほしい」と 伝えても、
その合理的配慮が どうしても難しい時も あります。
その時、まわりの人は なぜ難しいのかを あなたに説明し、
不便を 解決するための別の方法を
できるかぎり 考えなければなりません。

たとえば、「文字を書けないから、パソコンを使いたい」と
合理的配慮を 求めても、パソコンが用意できない時も あります。

その時、まわりの人は「できません」と 拒否をするのではなく、
代わりにできることを、提案する必要があります。

たとえば、「パソコンは 用意できないので、
代わりに 他の人が 文字を書くのは どうですか」と
提案をすることが できます。

大切なのは、不便を 解決するために、
解決策を 話しあうことです。

この本には さまざまな場面における
合理的配慮について、例が書かれています。
あなたの生活の 参考にしてみてください。

あなたを守る法律がある
障害者差別解消法

あなたが困った時には、まわりの人に

「こうしてほしい」と伝えて、いっしょに考えてもらっていい

という話を 19 ページでしました。

じつは、このことは法律で決まっているのです。

「障害者差別解消法」という法律です。

この法律は 2016 年 4 月からスタートしました。

法律では、学校だけでなく、

役所、お店、会社、病院、レジャー施設などに対して、

「障害のある人を差別しないように」と定めています。

あなたの権利を守る法律がある

ということを まずは知ってください。

この法律の目的　分けへだてられてきた社会を変える

この法律は、「障害のある人とない人が 分けへだてられず、
いっしょに生きていける社会」にしていくために つくられました。

「分けへだてられず」とは、どういうことでしょうか。
これまで 多くの障害のある人は、
障害のない人と 別の学校に 行きなさい、
別のところに 住みなさい と言われ、
いろんな仕事や遊びから 遠ざけられてきました。

さらに「分けへだてられてきた」ことで、
障害のない人は 障害のある人に 偏見を持ったり、
「同じところに住みたくない」と
思ったりするように なってしまいました。
だから、**平等な社会にしていくために、**
なくすべき「差別」が 法律で定められました。

やってはいけない二つの差別
①不当な差別

この法律では、二つの差別を 禁止しています。
一つめは、「正当な理由が ないのに、
障害が あるからといって、
他の人と ちがう扱いを すること」 です。

法律用語では、「不当な 差別的扱い」。
ひとことで 言えば、「差別」 です。

たとえば、車いすユーザーが 専門学校を 受けようとしたら、
「前例がない」 と言って 断られました。
まったく 「正当な理由」 では ないですね。
アパートの部屋を 貸してくれない というのも 「差別」 です。
差別解消法が できたことで、
はっきり 「これは差別」 と 言えるように なりました。

やってはいけない二つの差別
②合理的配慮をやるべきなのにしないこと

二つめは、「障害のある人が求める
合理的配慮をしないこと」です。

合理的配慮とは、学校であれば、
一人ひとりの 困りごとに こたえて
道具を用意したり することでした。

学校以外でも、いろんな「合理的配慮」を 受けられます。
聴覚障害のある人が お店で、
どんな商品かを 紙に書いてもらうことも 合理的配慮です。
車いすユーザーが、お店の入り口に
段差があって 入れない時に、
スロープを用意してもらうことも 合理的配慮です。

「え？ 合理的配慮は もちろん いいことだけど、

それを しなかったら、差別なの？」と

あなたは 思うかもしれません。

はい、そうです。
合理的配慮を 断るのも、「差別」なのです。

障害のある人が、他の人と 同じことが できるように、

「合理的配慮」を しないといけないと、

法律で 決まったわけです。

＊たとえば、「お店にスタッフが一人だけで、

どうしても対応ができない」という時もあります。

そんな時は お店の人が なぜできないか を説明し、

できるかぎり 別の方法を 提案しなければなりません

法律がすべて解決してくれるわけじゃないけれど

どんな法律も 万能ではありません。

「道路交通法」という 法律があっても

交通事故が なくなるわけでは ないように。

「障害者差別解消法」が できたからといって、
差別が なくなるわけではありません。
けれども、法律で「これは差別ですよ」と
言えるように なったことは、
やはり 大きなことだと 思います。

これまでは、障害のある人が
あきらめさせられることが とても多かったです。
いまは「法律」という たのもしい味方がいます。
たとえば、障害のある人が「行きたい学校を受験しよう」と
思いやすくなりました。

いまも、障害者差別解消法のことを わかっていない
残念な学校や お店が まだまだ あります。
あなたは、嫌な思いをすることが あるかもしれません。
それでも、法律は あなたの味方です。

あなたが「差別されたかも」と思った時は、
相談窓口に 相談することができます。
窓口の人は あなたの話を聞いて、動いてくれるはずです。
　　　＊差別された時の、相談窓口については、

　　　　32 ページを見てみましょう

子どもを大切にする
子どもの権利条約

子どもの権利条約ってなに？

人には、その人らしく生きる「権利」が あります。
これを「人権」と いいます。

生まれただけで、人には「人権」が あります。
性別、障害や病気が あるかどうか、肌の色……
生まれた時から、人には ちがいが ありますが、
どんな人にも「人権」があります。

しかし、成人（18才）に なっていない「子ども」には、
人権が なかなか 認められませんでした。
「子どもは、大人の言うことを 聞いていればいい」と
思われていたからです。

でも、子どもも、保護者や先生とは ちがう、一人の人間です。
大人と ちがう考えを 持つことは、当たりまえです。
また、子どもは 成長している 途中ですから、
国や大人から 守ってもらうことも 必要です。

そこで、世界の国々は、子どもの権利条約という
子どもを 大切にするルールを つくりました。
子どもの権利条約には、以下のことが 書かれています。

・子どもは 一人の人間であること
・子どもが その人らしく生きて 成長するために
　たくさんの「権利」が あること
・子どもの権利を 国・社会・大人が
　守らなくてはならないこと

大切な四つのルール

子どもの権利条約の中で、特に大切なのは、四つのルールです。

一つ目は、生きる権利・育つ権利。
育つ権利とは、自分の能力を 十分にのばして成長できるように
助けてもらうことが できる権利です。

二つ目は、差別されないこと。
差別とは、性別、障害や病気があるかどうか、
肌の色、親の仕事や育つ環境など、
自分の力ではどうしようもないことで、
不利に扱われないということです。

三つ目は、気持ちや意見を 聴いてもらえる権利。
この権利を「意見を聴かれる権利」と いいます。
今日のご飯に 何が食べたいか、 どの学校に 行きたいか、
親の離婚、先生の対応、校則など、
自分に関わることについては、
なんでも 気持ちや意見を 言っていいのです。
逆に、気持ちや意見を 言いたくない時もあるでしょう。
そんな時、気持ちや意見を 言わないでいいことも、
子どもの権利です。

四つ目は、「子どもの 最善の利益」。

「子どもの 最善の利益」 とは、
大人が 子どものことを 決める時の ルールです。
子どもの意見を 大切にしながら、
その子にとって 一番いい方法を 考えます。
「子どもの 最善の利益」 が、
子どもの希望通りに ならないことも あります。
そんな時、大人は、子どもに対して
どうして 希望とちがう方法に なったのか、
ていねいに説明を する義務が あります。

相談できる場所

チャイルドライン

相談できる年齢：18才まで
相談できること：なんでも相談できる
どんな方法で：電話やチャット

0120-99-7777（無料）

＊電話できる日：
毎日 16:00〜21:00

＊チャットできる日：
第1・第3月曜日と
毎週火〜土曜日

16:00 〜 21:00
（年末年始は休み）

内閣府「つなぐ窓口」

相談できること：障害者差別についての身近な相談先がわからないとき。地域の窓口に相談したが、たらいまわしにされた時。障害のある人にどんな合理的配慮をすればいいのかわからない人も相談できる

どんな方法で：電話やメールで

0120-262-701（無料）

10:00〜17:00
週7日（祝日・年末年始は休み）

info@mail.sabekai-tsunagu.go.jp

障害者差別の相談窓口

相談できること：障害を理由に差別をされた、合理的配慮を提供されなかった

どんな方法で：近くにある窓口を調べてみましょう。「〇〇（あなたの住んでいる）都道府県　障害者差別　相談窓口」で検索！

ウェブサイト「Mex」

相談できる年齢：10代まで

どんなとき：相談先がわからない。役に立つ情報が知りたい

どんな方法で：①サイトにアクセスする　②自分の悩みに近いカテゴリと住んでいる地域を選ぶ　③よみものや相談先、居場所がでてくる

学校についての困りごと

<ruby>学<rt>が</rt></ruby><ruby>校<rt>っこう</rt></ruby>

についての

<ruby>困<rt>こま</rt></ruby>りごと

学校って
行かなきゃいけないの？

「学校に行きたくない」と 感じることは ありますよね。

どうしても 行きたくないのに、
学校を 休ませてもらえなかった人も いるかもしれません。

なぜ、学校に 行くのでしょう。

それは、子どもが 自分の力をのばし、
社会で 生きていくために、必要なことを 学ぶためです。
子どもの「学ぶ権利」を 守るために、学校が あるのです。

大切なのは、学校に 行くことではなく、

あなたにとって 学びやすい場所が あることです。

ちょっと休んで、元気を貯めてから
学校に行くのも いいかもしれません。
とてもつらい時には、休むことも 「子どもの権利」 です。

YouTube などで、自分で気になることを 勉強するのも いいですね。

小学校・中学校では、
通常の学校より 少し のんびりしている
「学びの多様化学校」、フリースクール、
学校と ちがう場所で学べる 「教育支援センター」 などで
学ぶこともできます。

高校生になると、「通信制」 や 「単位制」 など、
その人のペースに あわせた学校も あります。
「高卒認定試験」 というテストに 合格すれば、
高校に行かずに 大学受験を することも できます。

学校に行くのが つらい人は、
自分の力を のばすのに あう方法を 探してみませんか。

授業が
わからない

学校の授業で わからないことがあった時、
「自分だけわからないのかな……？」と
あせりや不安を 感じていませんか？
でも、だいじょうぶです。
あなたは、自分のペースで、自分が学びやすいように
学んでいいのです。
あなたには「学ぶ権利」があります。

学校の授業で わからないことや 困りごとがある時には、
困っていることを 先生に 伝えてみましょう。
先生たちは、あなたの話を 聞いて
どうすればいいか いっしょに 考えてくれるはずです。
いっしょに 考えることが 先生の役割の一つだからです。
先生に 言いづらい時や、聞いてもらえない時は
46 ページを 読んでください。

あなたが困っていることを 解決できるように、
先生といっしょに 考えて決めることを 合理的配慮と 呼びます。
（合理的配慮については、18 ページに くわしく書いてあります。）

学校の先生に 困りごとを 伝えるには

いつ、何に困っているか、どうしてほしいか、

下の表を 使って、整理してみましょう。

一人で整理するのが 難しい時は、
他の人にも 相談しながら 整理してみましょう。

先生は あなたが学ぶための合理的配慮について、
「個別の教育支援計画」 という計画に 書かなければなりません。
個別の教育支援計画は 高校生まで つくられます。
詳しく知りたい人は、52 ページを読んでみましょう。

いつ困っているか	黒板を ノートに写す時
なにに困っているか	文字を書き終わる前に 黒板が消されてしまう
どうしてほしいか	えんぴつで 紙に書くのは 大変 その代わりに タブレットを使いたい

みんなと別のクラス・学校に 行ったほうがいいと言われた

この本を読んでいる人の中には、
先生や家族から、「別のクラス（学校）で 学んだほうがいい」と
言われた人も いるかもしれません。

「なぜ 私だけ別の場所に 行かなければならないの？」

「自分は 別のクラスのほうが いいのかな？」と、

なやむことも ありますよね。

たとえば、「特別支援学校に行ったほうがいい」と
言われた人も いるでしょう。
特別支援学校は、小学校・中学校・高校とは 別の学校です。

また、「特別支援学級に行ったほうがいい」と
言われた人も いるでしょう。
特別支援学級は、小学校や 中学校の中にあるクラスです。
特別支援学級は、少人数で 学びます。

「通級による指導」といって、週に何時間か
別のクラスで学ぶように 言われた人も いるかもしれません。

どこのクラス、どの学校で学ぶかについて、
あなたには 自分の意見を 伝える権利があります。
まわりの大人に、「別のクラスに行ったほうがいい」と言われても
あなたが 行きたくない、と思ったら、
「行きたくない」と 伝えていいのです。
まわりの大人は、あなたの意見を 大切にしなければなりません。
1回決めたあとでも、自分の意見を 変えることもできます。

なやんでいる人は、別のクラスや学校では どんな勉強をするのか、
先生に聞いてみたり、実際に見学をしてみましょう。

ちがう方法で学ぶのは「ずるい」のかな？

この本を読んでいる人の中には、
学校で まわりとはちがう方法で 勉強している人や、
学校で 介助を受けながら 学んでいる人も、いるかもしれません。

そうすると、あなたは「自分だけ 特別扱いに なるのでは」
「まわりから 「ずるい」 と 思われるのではないか」 と
心配になることは ありませんか？

でも、だいじょうぶです。
まわりとはちがう方法で 学ぶことは、
決してずるいことではありません。

本当は、どんな子どもでも、
自分にあった方法で 勉強したり、楽しく過ごして よいのです。
そうすることが、学校や先生たちの仕事です。
しかし、いまの学校では、それが 難しい場合があります。

どうしてでしょうか？

あなたが 自分にあった方法で 学べないのは、
いまの学校そのものに、問題が あります。
いままで学校は、教室や授業を
「文字を 書く」「体が 自由に動く」
「音が 聞こえる」などが 当たりまえの、
障害のない子どもを 中心に つくられてきました。
そのため、障害のある子どもにとっては、
学校で 勉強したり、楽しく過ごせないことが あります。
ほかの子と同じように 学ぶことが難しいのは、

あなたのせいでは ありません。

あなたが まわりとはちがう方法で 勉強したり、
介助を受けたりすることは、
学校で 勉強したり、楽しく過ごすために 必要なことです。

それらは、あなたも ほかの人と平等に「学ぶ権利」を
守るための ものなのです。

できないこと・苦手なことが たくさんある

できないことや 苦手なことが たくさんあると、
「なぜ自分だけできないんだろう」
「できない自分はダメなやつだ」と
思う人もいるかもしれません。
できないことや 苦手なことが たくさんあっても
だいじょうぶです。はずかしいことでは ありません。
学校では、できないことや 苦手なことを
できるようにしていくことが 大切にされています。
けれど、なんでも完ぺきに できる人なんて いません。

「一人で ぜんぶできるように ならなくちゃ」と
思っている人も いるかもしれません。
一人で なんでもできる人なんて いません。

一人で なんでもできるように 見える人でも、
だれかの助けを もらいながら、生きています。

障害のない人と くらべて、あなたは 一人ではできないことや、
手伝ってもらうことが 多いと 感じるかもしれません。
それは あなたの努力不足ではなくて、
いまの社会が、障害のない人を
中心に つくられているからです。

あなた自身が できるようになりたいことはなにか が大切です。

あなたが できるようになりたいこと については、

あなたにあったやり方や 学びかたを 探してみましょう。

一人でぜんぶを やろうとするのではなく、

人にたよりながら「できる」のも 大事です。

その時に、合理的配慮が必要であれば 先生に伝えましょう。

先生・支援員が 何度も怒ったり、わたしの意見を 聞いてくれない

あなたは、先生や支援員（または介助員）に 何度も怒られたり、自分の意見を伝えても、聞いてもらえないことは ありませんか。

「どうして わたしは、怒られてばかりなのだろう」

「わたしの伝えかたが 悪いのかな」 と なやんでいませんか。

もし、あなたが 学校で先生から 何度も怒られたり、

バカにされたりしているなら、

それは、先生が やるべきことでは ありません。

まわりの大人に すぐ 相談しましょう。

また、あなたには、自分にとって 学びやすくするために

意見を 伝える権利が あります。

（36 ページも 参考にしましょう）

先生たちは あなたの意見を聞いて、

あなたが より学びやすくなるように

「合理的配慮」 と 呼ばれる工夫を しなければなりません。

もし、合理的配慮が 難しい場合は、

学校や先生は、なぜ難しいのかを説明し、

別の方法を 考えなければなりません。

意見を 一方的に聞いてもらえない場合は、

他の大人に 相談しましょう。

＊ 64 ページに 相談できる人のリストが あります

学校で困っている時、
だれに 相談したらいいの？

学校で 困りごとが あっても
だれに 相談をしたらいいのか わからないときは ありませんか。
学校での 困りごとは、学校の人に 相談をしてもいいし、
学校の外の人に 相談をしてもいいです。

一人の人に 相談をしても、すっきりしない時や
解決しない時、聞いてもらえない時も あります。
解決しない時は、別の人に 相談を してみましょう。
あなたが「この人だったら話せそう」と思う人に
相談を してみてください。

学校の中で相談できる人

- 担任の先生
- 教科の先生
- 保健室の先生
- 校長先生
- 副校長先生
- 教頭先生
- 支援員・介助員
- 特別支援教育コーディネーター
- スクールカウンセラー

相談できる場所

電話やメールで相談できます。無料です。

- こどもの人権 110 番
  電話番号：0120-007-110
  （月曜日から金曜日まで、午前 8:30〜午後 5:15）

  メール：https://www.jinken.go.jp/soudan/PC_CH/0101.html

- チャイルドライン
  電話番号：0120-99-7777（午後 4:00〜9:00）

  チャット：https://childline.or.jp/chat

- 24 時間子ども SOS ダイアル
  0120-0-78310（毎日 24 時間いつでも かけることが できます）

自分だけ 親が学校に 来るのが いやだ

この本を 読んでいる人の中には、
学校に、親が 毎日 付きそいを していたり、
行事の時に、親が 必ず付きそいを している人も いるでしょう。
他の人は 親が来ることは ないのに、
「なぜ 自分だけ 親が来るのだろう」と
思っている人も いるかもしれません。
「家の外では 親といっしょにいたくない」と
思う人も いるでしょう。
あなたのその気持ちは、とても 大切な気持ちです。

障害のある人が 学校で過ごしたり 学んだりするためには、
先生の他に その人に あった声かけを する人や、
介助をする人が 必要な時が あります。
その場合、学校は、親に付きそいを たのむのではなく、
別の大人に来てもらいます。
支援員、介助員や 看護師と 呼ばれる人たちです。

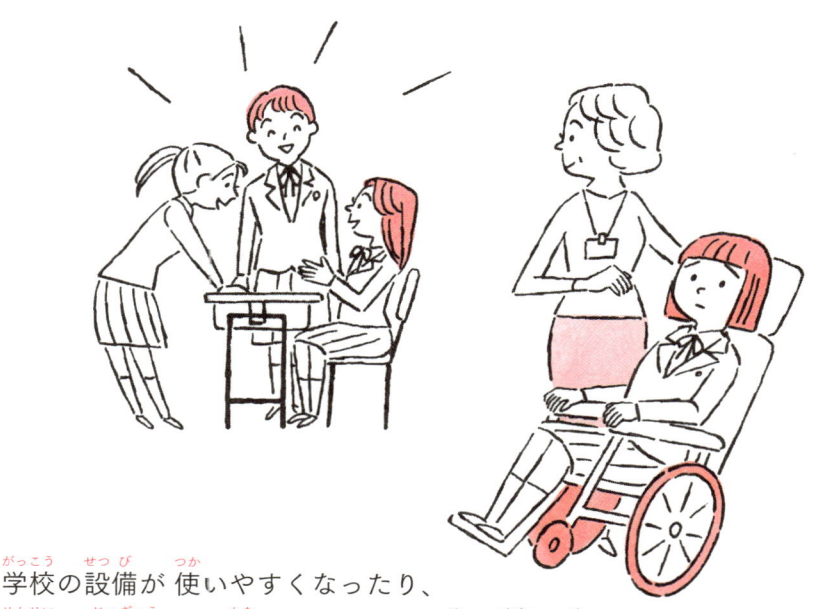

学校の設備が 使いやすくなったり、
先生が 授業のやり方や、あなたへの接し方を 変えることで
支援員や介助員がいなくても、
あなたが 学校で過ごしたり 学べることも あるかもしれません。
その場合、学校は 設備や授業のやり方も 変えていくことを
考えなければ なりません。

自分の親が 付きそいをすることを いやだ と思っている人は、
先生に「親の付きそいではなく、支援員や介助員に お願いしたい」
と 伝えてみましょう。
支援員や介助員を 呼ぶのが 難しいと 言われた時は、
なぜ 難しいのかを 聞いてみて、
ほかの解決策を、先生と いっしょに 考えましょう。

学校の設備や教材が
使いづらい

「学校のトイレが使いづらい」
「学校のタブレットが使いづらい」など、
学校の設備や教材に 使いづらさを感じていませんか。

学校は、だれもが学びやすく、
過ごしやすい場所でなければ なりません。
そのために、**学校の環境を 整えることを、**
「基礎的環境整備」 と 言います。

たとえば、視覚障害のある人が 移動するための点字ブロック、
車いすに乗っている人が 使うユニバーサルなトイレや エレベーター、
読むことが難しい人が 使える電子教科書、
授業がわからない人に 声をかける支援員など。
はじめから整えておくことにより、困る人が 減ります。

たとえば、はじめから「基礎的環境整備」として
一人につき一台のタブレットが 用意されていれば、
読み書きに障害のある人も 当たりまえに使えます。
個別に合理的配慮を する必要が なくなることも あります。

もし、この「基礎的環境整備」が 十分ではない時や、
使いづらいと思う場合は、学校の先生に 伝えてみましょう。
「学校の施設を バリアフリーにしてほしい」
「学校の教材が 使いづらいから、タブレットにしてほしい」
など、あなたが 伝えることで、
あなた以外の人も 過ごしやすくなるかもしれません。

① 個別の教育支援計画ってなに？

〇〇が できるように なりたい。

〇〇で 困っている。

小中学校・高校では、
障害のある子どもについて、
個別の教育支援計画という
計画を つくります。

個別の教育支援計画とは

個別の教育支援計画は、
あなたの願いを かなえたり、
困りごとを 解決するものです。
**あなたが 学校で 学ぶことや、
合理的配慮について、
学校の先生が 中心となって
つくる計画です。**

個別の教育支援計画には、
1年後のあなたの目標や、
学校生活で 必要な
合理的配慮、
学校以外の支援機関
（放課後等デイサービスや
クリニックなど）
で あなたが どんな支援を
受けるのかなどを 書きます。

あなたの意見を反映します

個別の教育支援計画は
あなたのために あるものです。
あなたが 学校で
どんなことを 学びたいのか、
どんなことに困っているのか、
どんな合理的配慮がいるのか、
あなたには 先生に
伝える権利が あります。

**先生は あなたの意見を
計画に反映しなければ
なりません。**

「一度も見たことない！」
という 人は、
先生に 「わたしの 個別の
教育支援計画を
見せてください」 と
伝えてみましょう。

計画は 見なおしできる

また、計画は 作成したあと、
何度も見なおしをして、
あなたや まわりの変化に
あわせて、
書きなおしていきます。
あなたの願いや 学びたいこと、
困りごとは
変わっていくものです。
「ぜんぶ計画通りに
しなければならない」 と
思わずに、
自分に起きた変化を
先生に 伝えてみましょう。
多くの学校では、
1年に1回くらい
計画の見なおしが あります。
学期の終わりや
学年が変わる時に
伝えてみるのも いいでしょう。

② 聴覚障害のある人のための「情報保障」って？

情報保障って なに？

耳が聞こえないなど、
情報の入手が難しい人は
授業を受ける時や、
映画を見る時に
工夫が必要です。
情報を得るための工夫を、
情報保障といいます。

たとえば、手話通訳、
文字通訳、音声認識、
字幕、などが あります。

手話って どんな言葉？

手話通訳は、
「手話」を「話し言葉」に、
「話し言葉」を「手話」に
置きかえる方法です。
聞こえない人と 聞こえる人との
あいだを つなぎます。
日本手話は、日本語とは
ちがう文法を 持っている
別の言語です。
日本手話は、主にろう者が
コミュニケーションする時に
使います。
国によって言葉が ちがうように、
手話も 国によってちがいます。

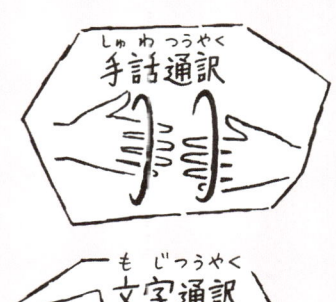

アプリを使った情報保障

文字で伝える 文字通訳

文字通訳は、話した内容を
すぐに 文字にして伝えます。
文字通訳は、「要約筆記」と
呼ばれることも あります。
ノートに書く方法
（ノートテイク）や
パソコンに入力する方法
（パソコン通訳）などが
あります。
聞こえない人の中には、
手話を使わない人が いるので、
その時は、文字通訳を使います。

音声認識は、

スマートフォンなどで
音声認識アプリを 使用して、
音声を 文字に自動的に
変換する方法です。
音声認識は
技術の進歩により、
最近よく使われるように
なってきた方法です。

音声認識アプリで、
文字を 正しく変換できず
通じないことも あります。
音声認識アプリで
まちがえた部分を
ボランティアなどが
修正する方法も あります。

オンラインでの情報保障

最近は コロナウイルスが
流行したことも あって、

オンライン
（リモート形式）で
情報保障を
受けることが 増えました。

情報保障を
直接会って 受けることと、
リモート形式で
受けることには、
ちがった難しさが あります。

たとえば、リモート形式では、
パソコンなどの画面に
手話や文字が ハッキリと
見えるように 工夫します。

みんなが 参加 するために

情報保障は、
聞こえない人のためだけに
必要なのでは ありません。
その場に 参加している
すべての人が おたがいに
コミュニケーションをとり、
だれも置き去りにせず、
みんなが 参加できることを
保障する取り組みです。

もし、あなたが 大学生で
「情報保障を やってみたい」と
思った時は、大学にある
「障害学生支援室」に
問い合わせを してみることを
おすすめします。

また、音声認識アプリ
（UD トークなど）を
ダウンロード してみることも
おすすめです。

もし、あなたが 大学生で
情報保障が 必要な時は
148 ページを見てみましょう。

もし、講演会やイベントで
あなたに 情報保障が
必要な時は、主催者に
問い合わせを してみましょう。

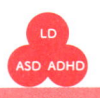

「落ち着きがない 変わった子」のぼく

M・H さんの体験

ぼくは小さいころから、
「落ち着きがない 変わった子」
と言われていました。
小学校4年生ごろから、
不登校気味に なりました。
不登校に なった理由は
特に わからないのですが、
まるで 心霊スポットみたいに、
学校に行くのが いやでした。

中学2年生から
通級に 行きはじめました。
通級とは、
みんなとちがう教室に
ときどき行って、
授業を 受けることです。

正直、はじめは通級に
行きたくありませんでした。

でも、通ってみて、
なんで通級に もっと早く
いかなかったんだろうと
思いました。
もともと、ぼくは
人が多い空間が 苦手なため、
少人数の通級は
とても楽しかったです。

ぼくが 通級に 行き始めたころ、
学習障害（LD）と
注意欠陥多動性障害（ＡＤＨＤ）
という診断が おりました。

通級においてある本を 読むと、
ＡＤＨＤ の人は
よく忘れ物をすると
書いてありました。
ぼくは、忘れ物の数が
他の人の 10 倍は あったので、
「ぼくのことじゃん」 と
思いました。
合理的配慮を
どうやって求めるかも
通級で 学びました。
たとえば、通級の学級では、
机が ぴったり並んでいるのが
すごくいやだったので、
クラスのうしろのほうに、
一人で座れるように
配慮を受けました。
配慮を受けることで、
自分だけ特別になるのが
いやだ、という考えは
ありませんでした。

通級の先生が
「自分の言いたいことを
言ったほうが 得だよ」 と
言ってくれました。
いまは、自分が
自由に 生きるために、
使えるものを 使うことの
なにが悪いの、と
思っています。

担任は わたしの考えを聞いてくれなかった

川端 舞さんの体験

わたしは「脳性まひ」
という障害で、
言語障害が あります。
小学校から 地域の学校に
通いました。
授業中や教室移動の時は、
支援員が わたしのそばに

ついていました。

小学校と中学校の時、
担任の先生は、わたしと
直接話そうとは

しませんでした。

担任の先生は わたしの考えを、

わたしではなく、

介助員に 聞いていました。

わたしが 先生に

あいさつしても、

「はっ？ 何を言ってるの？」

という感じでした。

介助員は、
わたしと先生が
直接話せるよう
五十音表を

つくってくれました。
言いたい言葉を 指でさして、
読み取ってもらうのです。

けれど、わたしは当時から
家族や、仲よしの友だちとは、
ふつうに自分の声で
話せていました。

「五十音表を使って、
話してごらん」と
介助員に言われた時、
「やっぱりわたしは
言語障害があるから、
自分の声で
話してはいけないんだ」と
思いました。
友だちとも
どうやって 話したらいいか
わからなくなりました。

高校の時の先生は
私と直接 話してくれたし、
「川端は話せるんだから、
話していいんだよ」と
言ってくれました。
「私はこの学校に
いていいんだ」と
やっと思えるように
なりました。

小中学校のときも、
わたしは 自分の声で
話したかったです。
介助員は、
五十音表を
つくるのではなく、
わたしが 先生や友だちと
直接 話すのを手伝って、
みんなが 慣れるまで
見守っていてほしかった
と思います。

「みんなと同じ」に こだわらなくていい
油田優衣さんの体験

わたしには、筋力が
だんだん弱くなっていく
障害が あります。
高校生になると、
ノートに 文字を 書くのが
しんどくなってきました。

でも、無理をして、
みんなと同じように
ノートを手で 書いていました。
それが「当たりまえ」だと
思っていたからです。
楽をするのは ずるいことだと
思っていました。

しかし、高校2年生の時に
考えかたが変化しました。
障害のある人が集まる
「DO-IT Japan」という
プログラムに参加したことが
きっかけでした。
　　＊ DO-IT Japan について
　　　⇒ 164 ページ

高校生の私にとって
一番大切なのは、
学ぶことです。
十分に学ぶために、
「みんなと同じ」環境や方法に
こだわる必要は ないと
思うように なったのです。

「頑張らないとできない」

ことに

エネルギーを

費やすのではなく、

機器や人に 頼っていいんだ
と 思えるようになりました。

そして、わたしは、

高校2年生の途中から、

一部の授業で パソコンを

使い始めました。

合理的配慮として、

試験の時に

時間を 延長してもらったり、

先生や試験監督に

消しゴムを

使ってもらうように

なりました。

＊合理的配慮については

18ページに

説明があります。

大学に入ってからも、

筋力が 弱くなるのと ともに、

勉強のやりかたは

変わっています。

大学2年生のころからは、

パソコンのキーボードを

打つのが

しんどくなりました。

そこで、スマートフォンで

解答を書き、

モバイルプリンターで

印刷して 提出する

というかたちで

試験を受けています。

相談できる場所

24時間子どもSOSダイヤル

相談できる年齢：住んでいる地域による

相談できること：学校でのいじめなど子どもの困りごとを、教育委員会の窓口に相談できる

どんな方法で：電話をかけると、住んでいる地域の教育委員会につながる

0120-0-78310

＊24時間つながる・無料

児童相談所虐待防止ダイヤル「189」

相談できる人：子どもや親、地域のひと

相談できること：先生から何度も怒られる、無視される、ひどいことを言われる、など

どんな方法で：「189」に電話をかけると、住んでいる地域の児童相談所につながる

＊24時間つながる・無料

弁護士会「子どもの人権に関する相談窓口」

相談できること：なやんでいることについて、弁護士に相談できる

どんな方法で：①あなたの住んでいる地域の窓口を探す　②電話やメールで相談する

内閣府孤独・孤立対策推進室「あなたはひとりじゃない」

相談できる年齢：18才まで

どんなとき：つらい理由が自分ではっきりわからない。どこに相談していいのかがわからない

どんな方法で：サイトにアクセスして、質問に答えると、相談先が紹介される

友だち
についての
困りごと

友だちって
いなきゃいけないの？

気楽に話せる人がいなくて、
それが「自分の悪いところだ」と
感じている人が いるかもしれません。

友だちは「いなきゃいけないもの」では ありません。
また、友だちが 何人いるかで、
その人の価値が 決まることも ありません。
「たくさん友だちがいる人は、すてきな人」とは

かぎらないですよね。

それなのに、あなたが
「友だちって、いなきゃいけないもんなの？」と 思うのは、
もしかしたら 先生や家族から、
「友だちは いたほうがいいぞ」「なぜ友だちが できないの」と
言われているからかもしれません。

66

「友だちは いたほうがいい」と、あなたにおすすめしてくる人は、

「友だちと いっしょに いたら楽しい」とか、

「友だちは 困った時に 助けてくれる」などと

思っているのかもしれません。

しかし、どんなときに「楽しい」と 感じるかは、

ほんとうに 人それぞれです。

本やマンガを 読んだり、

ゲームの世界に ひたったりするのが

楽しい人も いるでしょう。

一人で楽しく過ごせるのも、大切なことです。

いまは 友だちが いなくても、

これから、もしかしたら しゅみがあう人などが

みつかるかもしれません。

いずれにしても、「人と助け合う、協力しあう」ことは、

友だちじゃなくても できます。

無理せず、あなたらしく過ごしてください。

SNSで知りあった人と、どうやって付きあったらいい？

SNS（Xやインスタグラム、LINE、TikTok）は、
身近で 便利なもの ですよね。
自分の好きなものについて 書きこんだり、
写真や動画を のせたり、しらべものを したり。
遠くに住んでいる人、顔を知らない人とも、
簡単に 知りあうことができます。

でも、大人は「危ないからネットの使い方には気をつけなさい！」
って、よく言いますよね。

SNSを通じて できた友だちでも、
学校の友だちでも、
「相手に親切にする」
「乱暴な言葉は使わない」
というルールは同じです。

では、SNS でできた友だちと、学校の友だちと、

ちがうのは どんな点でしょうか？

それは「正直すぎては いけない」ということです。

「相手を疑う」「人に教えてはいけない情報がある」

この二つのルールが 大切です。

じつは、SNS を使っている人のなかには、

うそをつく人も 多くいます。

たとえば、相手が 高校生だと思っていたけど、

本当は 悪いことを考えている大人だった

ということも あります。

あなたの住所を聞き出して、

「秘密をバラされたくなかったら家に行くぞ」と

おどされることもあります。

実際にその人が 会いに来て、あなたが ケガをさせられることも。

あなたが住んでいる地域や、

学校の名前や家やスマートフォンの番号は、

ＳＮＳ に絶対に書きこまないでください。

もし、あなたが「会いたいな」と 思う人が できても、

必ず大人に相談してから 会いに行ってください。

（大人は 心配で 口うるさくなってしまうかもしれないですが、

大事なあなたを 絶対に 危険から守りたいのです。

許してくださいね）

SNSで いじめられている

あなたが スマートフォンで、
よく使うのは LINE でしょうか。
友だちや 家族と、
いつでも やりとりが できるので、便利ですよね。

ですが、LINE など 文字でのやりとりは、
届いた相手が どんなふうに 感じたのか
相手の表情や 声を 確かめることが できません。
なので、自分の思いが うまく伝わらず、
トラブルが起きやすいのです。

X や 掲示板などのネットで、
悪口や 「キモイ」 など ひどい内容を 書かれた、
という経験をした人は いませんか。

ネットでの書きこみは、
だれが書いたか わからないように できるので、
強い言葉や ひどい口調に つい なりがちです。

ネットに ひどいことを 書いた人は
悪気がなく、ふざけているだけかもしれません。
でも、あなたが それで傷ついているなら、いじめです。

もしあなたが、LINE や ネットで
いやな目に あったときは、無理に がまんせず、
まわりの大人と どのように解決できるか 相談してみてください。
「いじめられるほうも 悪いのでは？」と
言われるかもしれません。
もし、いじめられた側に 直すべき点が あったとしても、
いじめを していい理由には 絶対に なりません。
自分を 責めないでください。

一人に 相談して ダメでも、あきらめないで、
もう2・3人、別の人に 相談してみてください。
あなたの味方になってくれる人は 必ず います。
つらい問題を たよりになる大人と 乗りこえる経験は
あなたが これから生きていくための力に なるはずです。

友だちから 悪いことに さそわれたら どうする？

あなたは、友だちから「お店から 物を ぬすんじゃおう」
「お酒を 飲んじゃおう」「お金を 貸してよ」などと
言われたら、どうしますか？
あなたが「仲よくしたいな」と
思っている友だちから さそわれたら、断るのが難しいですよね。
「やっちゃおう」と 思うかもしれません。

けれど、あなたが 友だちに さそわれた通りにしたら、
危険な目にあって、
その子と 友だちで いられなくなるかもしれません。

あなたが自分を守るために、
注意したほうがいいことが あります。
一つ目は、法律を 守ることです。

なにか ほしいものが あったときに、物を ぬすむことや、
20才になっていない人が お酒を飲むことも
法律を 破っています。
法律を 守った行動を しましょう。

二つ目は、自分や だれかが困ったり、
傷ついたりする行動は やめることです。

たとえば、友だちに お金を貸しても、
友だちから お金を返してもらえなかったら どうしますか。
逆に、あなたが 友だちにお金を借りても、
あなたが お金を返せなかったら どうしますか。

どちらとも、あなたは とても困ります。
お金の貸し借りは、相手との関係を 悪くする可能性があります。

友だちから悪いことに さそわれた時は、
「わたしは（ぼくは）やりたくないんだ」と 伝えましょう。

それでも さそわれる時は、たよりになる大人の人に
相談しましょう。

学校で近くにいつも大人がいて、友だちが できにくい

友だちって、「つくろう」と思って

つくるもの じゃないですよね。
話しているうちに、なんとなく 仲よくなったりするものです。
だけど、本人のまわりに
介助員（支援員）や 親が いつも いたら、どうでしょう。

「同級生から さそわれない」
「みんなの話に 入れない」 という 人は、

そばに だれかが ずっといたからかも しれません。

そもそも、本人の近くに 大人が 「ずっと」 ついている
という仕組みが おかしいのです。
本人から 少し離れたところに いてもらう
という工夫も してみましょう。

「自分は どんな時に 介助員（支援員）に そばにいてほしいか」

「どんな時は はなれていて ほしいか」

あなたの考えを、伝えることが 必要です。

あなたの考えを伝えるために、

学期の最初に、学校の先生、介助員（支援員）、親と

話しあいを しましょう。

個別の教育支援計画を つくる時に 伝えるのも よいでしょう。

あなたが、大人のいいなりになる必要は ありません。

＊個別の教育支援計画については、

52 ページを読んでみましょう

友だちに手伝ってほしくても、うまく言えない

玉木幸則さんのお話

友だちに「手伝って」と たのむ前に、
一人で 出かけてみるのも いいかもしれません。

コンビニで、おかしや パンを 買ってくるだけでも いいです。
一人で できること と、
人に たのんだら いいことが わかってきます。

たとえば あなたが 自分で ものを 運べなかったとしても、
マクドナルドでは「これください」と 言ったら、
いまは 店員さんが トレーごと 席まで 運んでくれます。
友だちではない人に たのむ方法も あるのです。

**だれに なにを お願いしたらいいかが わかったら、
友だちとだけでも 出かけられるんじゃないかと 思います。**

ぜんぶを 友だちに たのむんじゃなくて、
「ちょっと財布を開けてよ」とか、
何をお願いするのかを 決めておくと いいかもしれません。

ぼくは 小学校 5.6 年の時、

教室移動の時に 手伝ってくれる友だちが いました。

教科書を 持ってくれたり、両わきを 支えてくれたり。

いま 思えば「なんとなく」手伝ってくれていました。

いま 思えば ほとんど毎回同じ人だったけど、

それが問題には なりませんでした。

友だちも「もう いやや」と 言ったりとか、

そんなことは なかったと 思います。

手伝うことが 自然で、

気にもしていなかった関係 だったと 思います。

逆に 友だちが 困っている時には、

あなたが 手伝うことも あるのでは ないでしょうか。

あなたは、障害が あるから、

手助けが たくさん必要だと 思っているかも しれません。

けれど、じつは みんな

だれかに 手伝ってもらいながら 生きているのです。

友だちだけで
出かけたい

あなたは、学校の外に出かける時、
「親が いないと無理」と 思っていないでしょうか。

自分たちだけで 出かけるためには、
まずは 行きたい場所に どうやって行くのか、
お金は どのくらい かかるのか、など
事前に 調べてみるのが よいでしょう。
道に迷った時など、トラブルが起きた時の対処法も
事前に 考えておきましょう。

自分で 移動することが 難しい人は、
「移動支援」という制度を 使って
出かけることが できる人も います。
「移動支援」を 使えることが わかったら、
親に お願いする必要は ありませんね。

「移動支援」については
市区町村の障害福祉課に相談しましょう。

もし いっしょに 出かけたい友だちが いたら、
ガイドヘルパー（移動支援の支援員）と 友だちと
出かけても いいのです。
ガイドヘルパーを 使わなくても
「自分が手伝うよ」と友だちが 言ってくれたら、
友だちと 二人で 出かけることも できます。
そんな話を、友だちと できるように なると、
出かけやすく なるでしょう。

そのためにも、「自分は なにができるか、できないか」を
知っておくことが 役に立つと思います。

 ストレスとの 付(つ)きあいかた

イライラが 止(と)まらない、
不安(ふあん)で なみだが 出(で)てしまう、
そんな時(とき)、
どうしていますか？

ネガティブなわたしは ダメなやつ？

イライラや不安(ふあん)など、
ネガティブな気持(きも)ちになると
自分(じぶん)のことを「ダメなやつだ」
と 思(おも)ってしまうことが、
あるかもしれません。

ネガティブな感情(かんじょう)そのものを
否定(ひてい)する必要(ひつよう)は ありません。
人間(にんげん)は、大昔(おおむかし)から
ネガティブな感情(かんじょう)を
もつもの なのです。

でも、ネガティブな気持(きも)ちや
ストレスを かかえすぎると
あなたも
つかれてしまいます。
**ストレスと
うまく付(つ)きあうための
練習(れんしゅう)を しましょう。**

ストレスと付きあうための
二つの方法

ストレスと付きあうには、
二つの方法が あります。

1. おすすめの ストレス対処法

散歩する、運動をする、
目を閉じて 深く息を吸う、
家族や友人に 話をする、
おふろに ゆっくり入る、
好きな音楽を 聞く

2. おすすめしない
ストレス対処法

ご飯やおかしを 食べすぎる、
かべを ける、物を投げる、
衝動買いで 多くのお金を使う

「おすすめの
ストレス対処法」を
たくさん試している人は、
心が元気に回復すると
言われています。

あなたを 幸せな気持ちにする
「おすすめの
ストレス対処法」は
なんでしょうか?
考えてみてくださいね。

自分の考えかたの
クセを 知る

なにか失敗を した時に、
とても 落ちこむ人も いれば、
「失敗したけど、
がんばったから
自分を ほめよう」と
思う人も います。

起きたできごとは
変えられませんが、
それに対しての感じかたは
いくつもあります。
自分の考え方のクセを知って、
別の角度で 見ることを
ぜひ ためしてみてください。

生きていれば だれでも、
ストレスや
ネガティブな感情に
飲みこまれそうに
なるかもしれません。
ネガティブに なりすぎた時に
自分の考えかたのクセを
知っていたら、
少し冷静な目で
「ネガティブ モンスターが
また 出てきたぞ！」
「あ！メソメソ虫が
心に 入ってきた！」
なんて、考えることが
できるかもしれません。

自分の考えかたのクセを
意識することで、
ストレスや
ネガティブな感情と
うまく付きあっていく方法が
あなたにも 少しずつ
わかってくると 思います。

中学校を卒業するまで
友だちは いなかったけど……

雁屋 優さんの体験

「なんで あなたは
お友だちと
仲よくできないの」と
親や先生から
責められる 毎日でした。
中学校を 卒業するまで、
わたしは 友だちが
一人も いませんでした。

わたしは 教室にいる 時も
いつも一人で
難しい本ばかりを
読んでいました。

みんなが 楽しんでいる
おしゃれの話や、
だれ と だれが
付き合っているか という話に
わたしは 興味を
もてませんでした。
だれとも 話が
あわなかったから、
友だちが いなかったのです。

でも、わたしは
「さみしい」とは
思っていませんでした。

親や先生に おこられるから、
仕方なく人の集まりの
近くに いました。

どうして仲良くしないの？

高校や大学に入ると、
話のあう人たちに
会えることが 増えました。
高校や大学で
出会った人のなかには、
いまでも 仲よくしている人も
います。

大人になってから、
わたしの人づきあいが
うまくないのは、
自閉スペクトラム症（ASD）
という 障害があるからだと
知りました。

みんなの話に
興味もないのに
人の集まりの
近くにいた時間は
わたしにとって、
ただ つらいだけ でした。

**あなたが 一人が楽しければ
一人で いるのも いいし、
あなたが 話のあう人に
会いたければ、
探してみるのも いいです。**

もし、あなたが
いま いる場所で
うまく いかなくても、
これからも うまくいかない
なんてことは ないのです。

特別支援学校から大学へ
入って 不安だったこと
大藪光俊さんの体験

サークル どうする？

ぼくはSMAⅡ型という障害を
もつ 車いすユーザー です。
小学校から高校まで、
特別支援学校に 通いました。

中学のころから 英語が好きで、
「大学で 英語を学びたい」
「海外に 行きたい」と
思うように なりました。

大学に 合格しましたが、
不安なことがありました。

健常者どうしが
仲よくしている なかに、
障害のある自分が
入っていくのは 難しいと
感じたのです。

特別支援学校には
親しい友だちが いました。
けれど、大学では、
「自分だけが 車いす」
という光景に、
ぼくは 不安になりました。

そのころ、大学生活で
必要な 介助のために、
ボランティアの募集を
自分で 始めました。

ボランティアには、
ノートテイクから
トイレ介助まで
いろんなことを 手伝って
もらいました。
介助は 1 対 1 だから、
話しやすかったです。
そこから、話せる人が
増えていきました。

ボランティアがきっかけで、
ぼくは すてきな先輩や
同級生、後輩たちと
たくさん めぐりあえました。

卒業後には、
夢だった アメリカ留学まで
実現することが できました。
まわりからは アメリカ留学は
「雲の上の話」だと
思われていたけれど、
あきらめなければ、
サポートしてくれる人が
集まってくれたのです。

この本を読んでいる
みなさんも
自分の障害のこと なんか
気にせずに、
やりたいことには
とことん 挑戦してほしい！
と 思います。

あなたの 夢への一歩が、
そのあとに 続く 仲間の力に
なると 信じています。

相談できる場所

いのちの電話

どんなときに：生きることがとてもつらくなったときに

どんな方法で：電話

0120-783-556
（毎日16：00〜21：00・無料
毎月10日は16：00〜翌11日8：00まで）

0570-783-556
（24時間つながる・有料）

＊つながりにくいときがあります。
何度かかけなおして
ください

一般社団法人
東京公認心理師協会
「こども相談室」

相談できる人：子どもや親

相談できること：悩みやつらい気持ちを臨床心理士・公認心理師が無料で聞いてくれる

どんな方法で：電話

03-3868-3626
＊電話できる日：火・水・金・土・日曜日（月・木以外）、
10：00〜12：00、13：00〜16：00

法テラス

相談できること：友だち、家族、お金のこと、トラブルに巻きこまれたとき、法律の知識にもとづいて答えてくれる

どんな方法で：電話やメールで

都道府県警察
「少年の相談窓口」

どんなとき：いじめ、非行や犯罪の被害にあって、悩んでいるとき。自分が悪いことをしていないか心配なとき

どんな方法で：①あなたの住んでいる地域の窓口を探す　②電話やメールで相談する

＊緊急の場合は、110番通報してください

恋愛
についての
困りごと

恋愛しなきゃ いけないの？

アニメやマンガ、ドラマや映画を見ていると、

だれかが だれかを 好きになって、

「好きです」 と 告白している場面が 出てきたりします。

ふられることもあれば、

両思いになって、交際していくという展開も。

そういうものを見ていると、なんだか恋愛って、

みんなが 当たり前に しているような 気持ちになりますね。

他にも、友だちの 「恋バナ」 を聞いていると、

恋愛によって気持ちが 盛り上がったり、

落ちこんだり、ヤキモチを やいたり……。

その様子を見て、「なんだか大変そう」 と

思う人も いるかもしれません。

しかし、恋愛をしたくなければ、

しなくても いいのです。

恋愛に 興味が ある人／ない人、
恋愛 したい人／したくない人、
それぞれ いて 当然です。

「恋愛する」 ことに こだわらずに、
「自分が 無理をせずに いっしょに いられる人」や
「いっしょに いて 居心地が いい人」に ついて
考えてみると いいかも しれませんね。

恋愛はしたいけど、出会いがない

このページを読んでいるあなたは、
「恋愛したい」という気持ちが あるのですね。

しかし **現実は、親や 支援者など、**
いつも大人が そばに いるかも しれません。
そうすると、一人きりの時間が 取れなかったり、
自由に 行動することが 難しかったりしますね。
また、外に 出かけることが 少なく、
まわりの人と 仲よくなるきっかけが
つくれない人も いるかも しれません。

このほかにも、それぞれの事情が あると 思うのですが、
たとえば、「自分だけの時間をもちたい」と
まわりの大人に 伝えてみる、
しゅみや 特技の話題で
盛り上がれそうな集まりに 参加してみるなど、
いろいろと チャレンジしてみるのも
よいのでは ないでしょうか?

また、おしゃれを すると
外に出かけたい気持ちが 出てくるかも しれません。
自分の好きな ファッションや メイクのことを 支援者に話して、
買い物に ついて いってもらうのも いいですね。

「出会った相手と どう コミュニケーションを
とればいいか わからない」という 人は、
先輩や支援者などに 聞いてみたり、
インターネットで 調べたりすると、
なにか ヒントが 見つかるかも しれません。

自分と 付きあいたい人 なんているのかな

この言葉の背景に
「自分に自信がない」
「自分はだれかより 劣っている」
というような 思いを 感じます。

もしかすると、
「障害者は 恋愛できない／恋愛しては いけない」と
不安に 思っているのかも しれません。

しかし、そんなことは ありません。

もし、まわりから そう言われても、あなたの 問題ではなく、
「障害のある人は、恋愛や 結婚、子育てとは 関係ない」
といった 社会の考えかたに 問題が あります。
社会に そんな考えが 広がっていたら、
「障害が あっても関係ない！ 恋愛しよう！」とは
なかなか 思えませんよね。

しかし、**実際には、障害のある人も**
恋愛したり、結婚したり しています。
失恋したり、恋愛で 傷ついた人たちだって、たくさんいます。
失敗したことも「いい経験」だと 前向きにとらえて、
次に 活かしている人も います。
また、そのような前向きな姿を
「すてきだな」と 感じる人も たくさんいます。

恋愛や結婚は してもしなくても いいものです。
ただ、あなたが もし、「恋愛したい」「結婚したい」
という 気持ちに なったら、
ぜひ チャレンジしてみてください。

恋愛や 結婚をしている障害のある人たちが
書いた本や ブログ、YouTube の動画なども あります。
参考に してみると いいでしょう。

好きな人ができたけど、
どうしたらいいのか わからない

まずは、好きな人に 話しかけるとき、
好きな人から 話しかけてくれたとき、
明るい笑顔で 接してみるのは どうでしょうか。
「なんだか、この人と いっしょにいると 楽しいな」
「思いやりのある人だな」と
思ってもらえるような、
ふるまい（清潔な身だしなみ等もふくめて）を
心がけると よい でしょう。

さて、あなたの好きな人は、どんな人ですか？
何が 好きで、何が きらいで、
何が 得意で、何が 苦手ですか？
その人のことを 好きになると、
なんでも 知りたくなって、
気づけば、その人のことを 見つめていたり、
ついつい 調べたりしちゃいますよね。

「好きな人が よろこぶことを してあげたい」

そうすることで、
「いつか 自分のことを 好きになってくれるかも……！」
と思ったり。

ただ、あんまり自分のことを
「見つめられる」『調べられる』と いやに 思う人も います。
好きだからといって、近づきすぎると、
時には「こわがられる」ことも、残念ながら あるのです。

そのバランスって、じつは とっても難しい。
思いなやんだ時は、一度 引いてみると
意外と うまくいったりもします。
不安になったら、友だちや身近な人に 相談してみましょうね。

自分と 同じ性別の人が 好きかもしれない

自分とは ちがう性別の人を 好きになることが、
世の中では 当たりまえのように 思われています。
ですが、自分と 同じ性別の人を 好きになる人も います。

　＊ 108 ページからの「ＬＧＢＴＱ ってなに？」に

　　くわしく書いてあります

同じ性別の人が 好きなことで、友だちに からかわれたり、
「気持ち悪い」と 言われたら どうしようと
思う人も いるかもしれません。

でも、**同じ性別の人を 好きになることは**
まったく 変なことでは ありません。
あなたが その人を 好きになった
その気持ちを 大切にしてください。

たしかに、社会には ＬＧＢＴＱ への
差別や 偏見が まだまだ あります。
けれど、あなたは決して 一人では ありません。

不安で こわくなっても、一人で かかえこまないでください。
たよりにできそうな人に 相談してみてください。

たよりにできる人か どうかを 判断するには、
相談する前に「ＬＧＢＴＱ の友だちは いますか？」と
聞いてみましょう。
残念ながら、同性愛について、何も知らなかったり、
フレンドリーではない人も いるからです。
前向きな反応が 返ってきたら、
その人に 相談してみても いいでしょう。
また、保健室の先生や スクールカウンセラーなどの
大人に 相談することも できます。

もし、たよりにできる大人が いなかったり、
直接会って 話すのが いやだったりしたら、
電話相談や ネットの相談口も あります。
きっと、あなたの思いや願いに耳を かたむけてくれるはずです。

よりそいホットライン

0120-279-338

ガイダンスが流れたら、4 を おしてください。

セクシュアルマイノリティ専門ラインに つながります。

24 時間通話が 無料で、携帯電話や公衆電話からも かけられます。

ＳＮＳ でのチャットもできます。返答は、水・金・日曜日 16〜22 時です。

恋人に 自分の障害について
話したほうがいい？
話すならいつ？ どうやって？

本来、「障害」は、その人にあるもの ではなく、
社会と その人の間に あるものです。
なので、**自分の「障害」を「悪いこと」と**
思う 必要は、まったく ないです。

とはいえ、障害について なやんでいる人は、たくさんいます。
とある 軽度の知的障害がある男性の 話を しますね。

その男性は、同じ職場で
共に働く女性のことを 好きになりました。
女性には、「障害」が ありません。
男性は その女性と 半年かけて
少しずつ 仲よくなり、連絡先も 交換。
休日も 連絡を 取るようになり、
男性は 勇気を出して デートに さそいました。

男性は その時に はじめて、
療育手帳（知的障害のある人の障害者手帳）を
持っていることを伝え、
「好きです。ぼくと お付きあい してください」と 告白しました。
結果的に、女性も 男性のことが 好きだったことが わかり、
交際することに なりました。

男性は、
「自分が 療育手帳を 持っていることを 言うか 迷ったけど、

やっぱり かくすのは うそを ついているみたいで いやだった。
告白する時に 正直に 言おうと 決めていた」と
教えてくれました。

話す／話さない、話す場合のタイミングは 人それぞれ ですが、
話すことで 気持ちが すごく楽になった人は います。
あなたの 正直な気持ちを 伝えて、
それを 理解してくれる人と お付きあいできれば 最高ですよね。

セックスしたいと思ったら、どんな準備をすればいい？

「恋人のことが、好きで たまらない」

「もっと いっしょに いたい」「ふれあいたい」と
思うのは 自然なことです。

おたがいが 同じように 思いあっていたら、

それが セックスの タイミングかも しれません。

セックスは、たがいに プライベートな部分を

さらけ出すもの でもあります。

だからこそ、安心で 安全な 環境が 大事に なってきます。

まずは、コンドームの使い方、ピルに ついてなど、

避妊（妊娠をしないための方法）についても 学びましょう。

そして、**あなたが「セックスをしたい」と 思ったら、**
必ず、「セックスしたいんだけど、あなたは どう？」と
相手に 聞きましょう。

相手から、「いまは、そんな気分じゃないよ」と 言われたり、

相手が いやがっているようだったら、

その時は しないことが とても大事です。

セックスをする場所も 大切です。

二人きりになれる、安全で きれいな部屋が よいですね。

セックスをする前に おふろで きれいに からだを洗ったり、

歯みがきをしたり、つめも 短くしておくこと、

これらのことに 気をつけることで、

相手のことも 自分も 大切に できるでしょう。

セックスは、ただ 性的な行為を するだけでない、

コミュニケーションの 一つだと 思うのです。

具体的な避妊のことなど、ここでは 書ききれないので、

「性」についての わかりやすい本も 参考にしてみてくださいね。

　＊参考になる本：

　門下 祐子（2C23）『シンプル性教育　いっしょに話そう！

　　くらす・はたらくに活かす「性」のこと』

恋人から 無理やりセックスを 求められて「いやだ」と 言えない

あなたが セックスを 断れない理由に、
「相手に きらわれたくない」
「恋人の 気持ちに こたえたい」 との
思いが あるのかな、と 想像します。
もしかすると 恋人のほうに、
「自分が 積極的に リードしなくちゃ いけない」
「恋人同士なんだから、相手も セックスしたいはずだ」 という
思いこみが あるのかも しれません。

セックスは、
必ずしも、「子どもをつくるため」 だけに するものではなく、
「パートナーと共に 楽しく 生きるため」 に するものでも あります。

けれど、セックスを していくうちに、
おたがいの気持ちを 大切に しなければ ならないのに、
いつの間にか ただ相手の言いなりに なってしまう、
ということも 起きやすいです。

セックスは、大切な人との コミュニケーションの 一つです。

したい時も したくない時も あるということ、

途中で「やっぱり いや だな」と 思ったら、

そこで やめても よいのです。

おたがいが、ともに 気持ちよくなるには どうしたらいいか、

話しあえると よいですね。

できれば、ゆったりした時間の中で、

おしゃべりを したり、たがいに ふれあいながら、

「気持ちいい」と 感じたら、

すなおに 伝えるところから 始めてみましょう。

あなたのからだは、あなただけの 大切なもの。

そして、セックスは、だれかのために

いやいや するものでは ないですよ。

相手の 思い通りになる必要は なくて、

あなたが 自分のからだについて 決めて よいのです。

自分は結婚
できるのかな？

あなたは 結婚について、どんなイメージを もっていますか。
「大好きな人と ずっといっしょに 暮らすこと」でしょうか。

もしかしたら、「親に反対されるかもしれない」と思って、
前向きに 考えられない人も いるかもしれません。

結婚する時は、役所に「婚姻届」を 出します。
18才以上の 男の人と 女の人が、
婚姻届を出すと 結婚できます。

結婚を したくない人は 結婚しなくても いいです。

あなたが 決めて いいのです。

だれもが 結婚する権利・結婚しない権利を もっています。

でも残念ながら、いまの 日本では、
同じ 性別の人同士の 結婚は 認められて いません。

親に 反対されていても、結婚は できます。
どうしても 親に 認めてもらいたくて、
くりかえし 説得に行った という人も います。

大切なのは、あなたの「思い」です。

結婚している二人の暮らしも、

みんな ちがいます。

買い物も ごはん作りも そうじも、

なんでも 二人でするカップルも います。

どちらかが 子どもの世話を して、

そのあいだに もう一人が

ごはんを 作る家も あります。

うまく いっている カップルは、

おたがいの 気持ちを よく聞きあって います。

何かができないと 結婚しては いけないというわけでも ありません。
苦手なことは だれかに やってもらっても いいのです。

家事や、お金の管理の手伝いなどを
してくれる福祉サービスが あります。
使ってみたい人は 相談先リスト（196 ページ）を 見てみましょう。

詳しく知りたいあなたへ

4 LGBTQ って なに？

セクシュアリティ ってなに？

あなたは「セクシュアリティ」
という言葉を
聞いたことは ありますか。

セクシュアリティとは、
その人の 人生や 生活に
深くむすびついた
性の ありかたのこと です。

セクシュアリティは、
次の 4つの 要素から
なりたっています。

1：生まれてきた時に
　割りあてられてきた
　「からだの性」

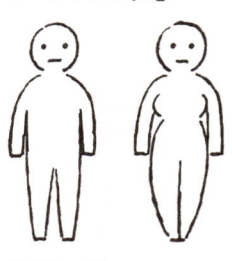

2：自分の性を
　どのように 認識するか
　という **「性自認」**

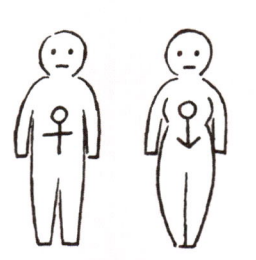

3：服装、仕草、役割などに
あらわれる **「社会的性」**

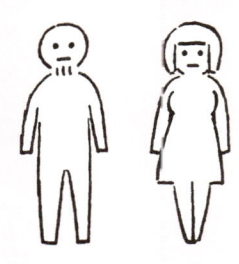

4：自分の性自認からみて、
どのような 性別の相手に
性的欲求や 恋愛感情を
いだくのかを 示す
「性的指向」

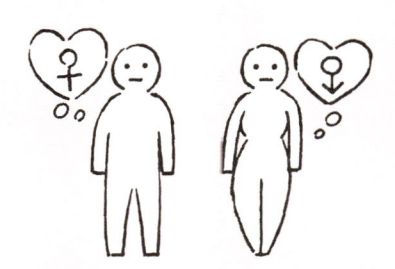

多くの人たちの
セクシュアリティは、
1の「からだの性」と
2の「性自認」が
一致しています。

そして、多くの人たちは、
異性に ひかれる
「性的指向」を
持っています。

しかし、そうではない人たちも
います。
その人たちのことを、
「LGBTQ」と いいます。

ＬＧＢＴＱ ってなに？

ＬＧＢＴＱ とは、

レズビアン（L）
ゲイ（G）
バイセクシュアル（B）
トランスジェンダー（T）
クエスチョニング（Q）

という ４つの言葉の
頭文字を
ならべた 呼びかた です。

レズビアン（L）：
性自認が女性で、
女性に ひかれる人

ゲイ（G）：
性自認が男性で
男性に ひかれる人。

バイセクシュアル（B）：
男女どちらにも
ひかれる人。

トランスジェンダー（T）：
からだの性と 性自認が
一致しない人。

クエスチョニング（Q）：
自分の性の ありかたが
わからない、
どれにも あてはまらない、
という人。

レズビアン、ゲイ、
バイセクシュアルは
性自認と
性的指向の関係で
決まります。

トランスジェンダーは、
からだの性と 性自認の関係で
決まります。

セクマイ障害者は
あなただけじゃない

植木 智さんの体験

自分は 脳性まひ の
トランスジェンダーです。
自分が「トランスジェンダー
なのではないか」と
なやみはじめたのは、
16才のころでした。

当時、セクマイ
（ＬＧＢＴＱ）への
社会の理解は まだまだでした。

なにより、自分のような
「セクマイ障害者がいる」
という情報は
ほとんど ありませんでした。

「セクマイ障害者」
というのは ＬＧＢＴＱ であり、
障害者でもある
という 意味です。

自分は「セクマイ障害者」
であることで、
いろいろと つらいことや
混乱するできごとが ありました。
「介助者に
自分の セクシュアリティが
バレては いけない」と
思っていました。

**なので、いつも本当の自分を
出せませんでした。**

ＬＧＢＴＱ のコミュニティを
調べても、

行くのに バリアがあったり、

介助者に 言えてないから

たのめなかったり。

一番つらかったのは

「仲間」 がいなかったこと。

「つらい、悲しい」

という気持ちを、

だれにも言うことが

できませんでした。

いま なやんでいる あなたに

伝えたいことが あります。

いまは 一人かもしれないけど

生きることを

あきらめないでほしい

ということです。

まわりから こうあるべき、

と言われても、

あなたのことは

あなたが一番よく知っています。

それを どうか

大切に してください。

無理してカミングアウト

（他の人に伝えること）

する必要は ありません。

ですが、「この人なら」と

思える人が いたら、

少しずつ 自分を出してみたら、

少しずつ 楽になれると 思います。

恋人と過ごす時間の介助は どうする?
油田 優衣さんの体験

わたしは もともと
恋愛に対して、
ネガティブな思いを
持っていました。

わたしは、着がえや
トイレにも
介助が 必要です。
障害による
からだの変形も あります。
「わたしは 恋愛する対象
として 見られるの?」と、
劣等感を いだいていました。
また、恋人と 過ごすあいだの
介助は どうなるの?と、
想像が つきませんでした。

しかし、少しずつ
恋愛に 対する気持ちは
変わって いきました。

一つの きっかけは、
介助者に いてもらいながら、
恋人と デートをしたり、
パートナーと 暮らしている
障害者との であいです。

「介助者にいてもらいながら、
恋人と過ごすことも
アリなのか!」と
おどろきました。
「わたしにも できるかも」と思い、
少し希望を 感じました。

114

実際に わたしは、

恋人が 家に 来るときにも、

介助者に いてもらうことに

しました。

恋人に わたしの介助を

担わせたくなかったからです。

介助者には、わたしたちとは

少し はなれた場所に

待機してもらい、

必要な時には

介助者に 来てもらいました。

とはいえ、

どれだけ 工夫をしても、

なやみごとは つきません。

わたしと 恋人とのことで、

他の人に

知られたくないことも

あります。

でも、介助者には

知られてしまう つらさが

あります。

また、恋人が、

介助者が いることを

どう 思っているか、

介助者が、

恋人が 家に来ることを

どう 思っているのか。

それらに 気をつかって、

つかれてしまうことも

あります。

でも、

障害が あるから といって

あきめなくても いい。

なやみながら、

恋人と過ごすための方法を

探し続ければ いい。

そう 伝えたいです。

恋人の家族に 結婚を 大反対された

山口 凌河さんの体験

結婚は 認められない!

ぼくには、
視覚障害が あります。
中学3年生の時に
目が 見えなくなり、
自分の障害
（レーベル遺伝性視神経症）
が 母親からの
遺伝であることを
知りました。

**「目が 見えない人と
付きあう」ことは、
恋人に とって、
ネガティブなこと
かもしれない。**

結婚や 子どものことを 考えて
お付きあいする となると、
恋人を 困らせてしまう
かもしれない。
ぼくは、考えこんでしまい、
深い関係を 築くことが
できなくなりました。
ふみこんだ関係性を
築けないのが なやみでした。

その後、目が 見える人と
お付き合いをして、
結婚したいと
思えるように なりました。
ですが、恋人の家族に
大反対されて しまいました。

そんな時、視覚障害者の
支援を している友人が、
ある夫婦を
紹介してくれました。
その人たちも、
ぼくたちと 同じように、
見える人と 見えない人
という 組み合わさです。
その夫婦と ぼくたちと
いろんな話を するなかで、
少しずつ不安が
解消されていきました。

その夫婦に、
「最終的には 山口さんが
彼女といっしょに いたいか
どうか じゃない」と
言われました。
その言葉に
ぼくは 背中を おされました。

その後、恋人の家族とも
話をくりかえし、
結婚を することが できました。
いまは 夫婦で
仲よく 暮らしています。

知的障害のある二人の結婚生活

Aさん・Bさんの体験

知的障害のある A さんは
同じ知的障害のある B さんとの
結婚を はじめは 両親に
反対されて いました。
がんばって 説得した結果、
A さんと B さんは いっしょに
暮らせるように なりました。

部屋探しや ひっこしは、
障害者就業・
生活支援センター
（なかぽつセンター）
の C さんが
手伝ってくれました。

**いっしょに 暮らしはじめて、
家のことも 二人で
力をあわせて やっています。**

ごはん作りは、
平日は 仕事で
つかれてしまうので、
宅配サービスを 使います。
これは「材料」と
「作りかたのメモ」を
宅配してくれる
便利な サービスです。
休日は いっしょに
ごはんを 作ることもあります。
たまには二人で
外食に 出かけます。

そうじや かたづけも
分担（ぶんたん）して やっています。
毎週（まいしゅう）土曜日（どようび）に
ヘルパーさんが 来（き）ます。
ヘルパーさんは
かたづけを 手伝（てつだ）います。
ヘルパーさんは
家（いえ）に 届（とど）いた 郵便物（ゆうびんぶつ）のことや
ゴミの 分別（ぶんべつ）など、生活（せいかつ）の 中（なか）で
困（こま）ったことが あれば
相談（そうだん）に のります。

Bさんは、Aさんと
二人（ふたり）で 暮（く）らす 前（まえ）に、
お金（かね）のやりくりで
失敗（しっぱい）したことが ありました。
いまは、毎月（まいつき）Cさんと
家（いえ）のお金（かね）のやりくりについて
相談（そうだん）しています。

少（すこ）しずつ 貯金（ちょきん）も
できてきたので、
Aさんは
「ウエディングドレスを 着（き）て
写真（しゃしん）を とりたい」 と
思（おも）っています。
Bさんは、Aさんと いっしょに
買（か）い物（もの）するのが
楽（たの）しみだそうです。

こんなふうに、
AさんとBさん は、
苦手（にがて）なことは
サポートを 受（う）けたり、
二人（ふたり）で 助（たす）けあったりしながら、
楽（たの）しく 暮（く）らしています。

相談できる場所

つながるにじいろ on ライン

どんなときに：自分の性別がよくわからない、戸籍の性別と違う性別で学校に通いたい、など性的指向や性自認・性別表現にかかわるモヤモヤについて相談できる

どんな方法で：LINE（@662uwyvf）

＊LINEできる日：
月曜日14:00〜17:00
火・水・木・土曜日19:00〜22:00
金・日曜日：22:00〜1:00

一般社団法人　にじーず「オープンデー」

どんな会：10代〜23才までのLGBT（かもしれない人を含む）が集まって、友だちをつくったり遊んだりする

どこで：全国に16か所ある。日時や参加の方法、ルールについてはホームページで調べよう

NPO法人 BOND プロジェクト

相談できる人：10代・20代の女性

どんなときに：恋人から無理やりセックスされた、殴る・蹴る・大きな声で怒るなど暴力された、妊娠したかもしれない、など女性の悩みを、女性に相談することができる

どんな方法で：電話（080-9501-5220）やLINE（@bondproject）

＊電話できる日：火曜日13:00〜17:00、木・土曜日18:00〜22:00

＊LINEできる日：月・水・木・金・土曜日10:00〜22:00（相談受付21:30まで）

＊緊急の場合は、110番通報してください

性犯罪・性暴力被害者のためのワンストップ支援センター

どんなとき：性暴力の被害にあったときに、治療やカウンセリング、警察への相談を手伝ってくれる

どんな方法で：電話（#8891）
ＮＴＴひかり電話からは
0120-8891-77

家族についての困りごと

親のキゲンが いつも悪い。
自分のせい なのかな？

親のキゲンが 悪くて、親が イライラしている時に、
「自分が 悪いのかな」
「自分のせいで キゲンが 悪いのかな」と
思う時は ありませんか。
いつも 親のキゲンを 気にしながら
生活を するのは つかれてしまいますよね。

もし 親のキゲンが 悪くて、
自分が 悪いのかな？と 不安になる時には、
親に「どうしたの？」と 自分から 聞いてみるのも よいです。
あなたが 一人で かかえこんで 考えても、
親が なぜ キゲンが 悪いのかは わかりません。

親は もしかしたら、「あなたが 不安を 感じている」ということも
知らないかもしれません。
あなたが 気持ちを 伝えたら
親は「子どもからは そう見えているんだ」と
気づくかもしれません。

親の中には、いつも キゲンが 悪くて、

あなたに 対して「おまえのせいだ」と言い、

暴力を ふるったり

ひどい言葉をいう親も いるかもしれません。

また、あなたの食事を 準備しなかったり、

あなたが まるで いないかのように

ふるまう親も いるかもしれません。

これらは、「虐待」に あたります。

その場合は、がまんせず

すぐに 相談する必要が あります。

＊ 140 ページに 相談できる場所が のっています

家族 についての困りごと

家族と あまり仲が よくない

この本を 読んでいる人の中には、
「自分は 家族のことが あまり好きじゃない
でも 障害が あるから、家族と はなれられない」
「家族に お世話してもらっているから、
仲よくしなきゃ」と
思っている人が いるかもしれません。

でも、無理に 仲よくする必要は ありません。
親も、きょうだいも、
あなたとは 別の人間です。
先生や 友だちと 同じように、
親と相性が いい人も 悪い人も います。

親と はなれて暮らしたいという人は、
18才に なったら、一人で 暮らすことが できます。

それまでは 親と ゆずりあいながら、
どうにか やっていくしかありません。
そのためには、家族についての なやみや
困りごとを 相談したり、グチを 言ったりする友だちが 大切です。

また、家族と 暮らしているうちから、使える制度を 使って、
親に たよらなくても 生きていけるように
準備を しておくことも 大切です。

親の言うことを
聞かなくてもいいの？

玉木幸則さんのお話

みなさんは、進学先や 進路を どうするか、

なやんだことは ありませんか。

特別支援学校か、自宅近くの学校か。
卒業したあとに どの大学に 行くか、どこで 働くか。

あなたが 迷った時、親から

「ここに ぜったいに 行ったほうがいい」と

言われたことが ありませんか。

親は、あなたの性格や 障害を よく知っているかもしれません。

けれど、**あなたのことは あなたが決めて いいのです。**
「逆らったら、親が 世話を してくれなくなるかも」
など考えて、**親に 遠慮する必要は ありません。**

親の他にも、友だちや 先生、専門家など

いろいろな人の考えを 聞いてみて、

そのうえで 自分で どうしたいかを 考えてみてください。

ぼくは、小さい時から 親の言うことを 聞いてきました。
高校に 進学する時にも、
親から 養護学校（特別支援学校）に 行くように 言われて
養護学校に 行きました。
けれど、そこでは しんどい思いを しました。

だから、大学に 進学する時には
「これからは ぼくに 決めさせてほしい」と 親に 言いました。
そして、自分で 決めた大学に 進学しました。

親は あなたのことを 思って いろいろなことを 言います。
それは たくさんある 意見の中の 一つとして聞き、
あなたのことは あなたが 決めましょう。

親に 自分の意見が 言えない

玉木幸則さんのお話

親に 自分の意見を 伝えることが できない と
なやんでいる人は いませんか。

あなたの意見を、親が まわりの人に 伝える時、
「あれ？　わたしが 思っていることと、ちがうのにな」と
思ったことが ある人も いるのではないでしょうか。

もしかしたら、
親が、あなたに 「どう思う？」と
意見を 聞く機会が 少ないのかもしれません。
だったら、**あなたの意見を どんどん言いましょう。**

あなたは あなたの意見を 伝えて よいのです。
あなたには 自分の意見を 伝える権利が あります。

＊28 ページの 「子どもの権利条約」 を 読んでみましょう

ぼくは 親に 自分の意見を 伝えることが 苦手でした。
だから、親の言いなりになって、
いやなことを やらなければ なりませんでした。
それは とても つらいこと でした。

「けんかを するのは 悪いこと」と
みなさんは 思うかもしれませんが、
親であっても、おたがいの意見を 言いあうことは
とても 大切です。
相手が どんな人であっても、
100％意見が 同じ人は いません。
相手が 親でも、先生でも、どんな人でも、
「ぼくは こう思う」「わたしは こう思う」と
言って いいのです。

親が いつもいっしょで いやだ

玉木幸則さんのお話

外へ でかける時、
親が いっしょで「いやだなあ」と
感じることは ありませんか。
本当は 一人で 行きたい。
友だちとだけで 行きたい。
そう 思いませんか。

ぼくが 小学生だった時、
修学旅行に 親は ついてきませんでした。
ぼくだけに ついてくれる先生が いたからです。
もし、修学旅行に 親が ついてきていたら、
すごく つまらなかったと 思います。

お土産を 買う時に、
親から「あんた、なんで それ買うの」なんて、
言われたくない ですよね。
（好きな子に こっそり お土産を
買うことも できません）

あなたも 他の子と同じように、
親のつきそい なしで
過ごすことが できます。

障害のある あなただけ、
親が 来るように 言われるのは、差別です。
＊学校の場合は、48 ページの「困りごと8」を 読んでみましょう

「移動支援」という制度が 使える人も います。
放課後や学校のない日に 出かける時に 使える制度 です。
ガイドヘルパーと 自分のペースで
行きたいところに 出かけることが できます。

「移動支援」を 使いたい人は、
申しこみを する必要が あります。
住んでいる市区町村の 障害福祉課に 行って、
相談を してみましょう。

自分は 家族にとって、めいわくなのかな？

玉木幸則さんのお話

障害のあるぼくは、子どものころに、
親から「ちゃんと 産んであげられなくて、ごめん」と
言われたことが あります。
その時、「自分に 障害があることは、悪いことなのか」と
思いました。

自分に障害があることで 家族から介助を受けるなど、
「家族に たくさんの負担がかかって 大変だ」と
思っている人も いるかもしれません。

障害者は 家族にとって 本当に めいわくなのでしょうか？
そんなふうに思う 必要は ぜったいに ありません。
「障害のある子の世話は、
家族が ぜんぶすることが 当たりまえ」という
社会のしくみが 問題なのです。

ちゃんと産んであげられなくてごめんね。

**「自分は 家族にとって めいわくなのだ」と なやんでいる時は、
大人の障害がある人に 相談すると いいかもしれません。**

障害のある人どうしで集まったら、

生活の中で 感じている 困りごとなど

「これ、どう思う？」「あるある！」などと 話が できます。

それだけでも、気持ちが ぜんぜんちがって、

少し楽になるかも しれませんね。

そういう機会が なければ、

自分だけのなやみだと 感じてしまいます。

障害のない友だちに 打ちあけても、

「気のせいや」と 言われるかもしれませんね。

**家族の中だけで どうにかしよう と思わず、
家族以外の人と 話すことも 大切です。**

家族だけに たよらなくても 自分の生活で 使える制度が ないか、

相談してみることも できます。

 いやなことは がまんしなくて いい

障害者虐待防止法<ruby><rt>しょうがいしゃぎゃくたいぼうしほう</rt></ruby>について

あなたは、障害が あるために
いやな思い<ruby><rt>おも</rt></ruby>を したことは
ありませんか？
そんな時<ruby><rt>とき</rt></ruby>、
「わたしが 障害者<ruby><rt>しょうがいしゃ</rt></ruby>だから
しょうがない」と
思っていませんか？<ruby><rt>おも</rt></ruby>

**でも、がまんすることは
ありません。**
あなたは、障害が<ruby><rt>しょうがい</rt></ruby> あっても
障害が<ruby><rt>しょうがい</rt></ruby> なくても、
大切な<ruby><rt>たいせつ</rt></ruby> ひとりの 人間<ruby><rt>にんげん</rt></ruby>です。
いやな思い<ruby><rt>おも</rt></ruby>を する必要<ruby><rt>ひつよう</rt></ruby>は
ありません。

あなたを 守る<ruby><rt>まも</rt></ruby>ために、
**障害者虐待防止法<ruby><rt>しょうがいしゃぎゃくたいぼうしほう</rt></ruby>
という法律が<ruby><rt>ほうりつ</rt></ruby> あります。**

**どんなことから
守って<ruby><rt>まも</rt></ruby>くれるの？**

では、この法律は<ruby><rt>ほうりつ</rt></ruby>、
どのようなことから
守って<ruby><rt>まも</rt></ruby>くれるのでしょうか。
あなたが 人<ruby><rt>ひと</rt></ruby>からされて
「いやだな」と
思うこと<ruby><rt>おも</rt></ruby>は、
あなたへの「虐待<ruby><rt>ぎゃくたい</rt></ruby>」に
あたります。

134

5つの虐待の種類

「虐待」された時は、
障害者虐待防止法が
守ってくれます。
「虐待」は、たとえば、
以下のような 行為です。

1. 身体的虐待（暴力）

なぐられたり、けられたり、
物を投げて
あなたを
こわがらせたり
することです。

2. 性的暴力

あなたの身体を
かってに さわったり、
人前で 服を ぬがすような
はずかしいことを
させられることです。

3. 心理的虐待

障害を からかわれたり、
悪口を 言われて いやな思いを
したりした時のことです。

4. 放置・放任（ネグレクト）

ほったらかしに
されることです。
あなた一人では
買い物をしたり、
食事を作ったりすることが
できないのに、
だれも お世話を
してくれないために
困ってしまうことです。

5. 経済的虐待

あなたが
自由に使えるはずのお金を、
誰かがズルをして
使ってしまうことです。

「虐待かな」と 思ったら
どこに 相談したら
いいの？

ここまでの説明を読んで、
「わたしは虐待を
受けているのかもしれない」
と 思った人は いますか。

心あたりのある人は、
まず、自分が 住んでいる場所の
市役所、区役所、町役場に
相談を しましょう。

役所は、障害のある人から
虐待の相談を 受けることが
法律で 決まっています。
必ず 力になってくれます。

相談したことで
「虐待を してきた人に
バレないかな」と
心配になるかも
しれません。

でも、「役所の人は、
あなたから
相談があったことを
バラしてはならない」と
法律で 決まっています。
安心してください。

親も自分らしく生きていい

玉木幸則さんの体験

国の障害福祉政策では、
「親亡き後」の支援を
どうするかが
ずっと議論されています。

でもこれは、おかしな話です。
障害のある子が
18才になっても、
何才になっても、
親が
関わり続けるのでしょうか。
そもそも、18才まででも、
障害が あるからといって、
親が 過度に
関わらなくてはならない
ことが おかしいです。

「親亡き後」という言葉は、
「親が 生きているあいだ、
親が ずっと めんどうを
みなきゃいけない」という
メッセージに なっています。

本来、18才以降は
自立するための支援が
提供されなければなりません。

障害のない子といっしょに
同じ経験ができる環境を
子どものころから
整えることも必要です。

その支援のしくみが

できていたら、

「親亡き後」という言葉は

いらなくなります。

国は、障害児者のケアを

「家族まかせ」にしてきました。

国が子どもの権利条約、

障害者権利条約を

理解していたら、

「親亡き後」なんて

言えないはずです。

「ヤングケアラー」が

話題になってます。

介助が必要な人が

家族にいる時、

その介助を

子どもが担っていることが

いまさら、

問題視されています。

けれど、

ヤングケアラーにかぎらず、

障害者やお年寄りなどの

お世話は、

「家族だからやるべき」と

当たり前のように

思われていて、

ずっと続いてきた

問題ですよね。

国は、「家族まかせ」を

根本から

変えていかないと

いけません。

障害のある子どもの親も

きょうだいも、

障害のない子の親や

きょうだいと同じように、

自分らしく

生きていいのです。

相談できる場所

児童相談所虐待防止ダイヤル「189」

相談できる人：子どもや親、地域の人

相談できること：親からひどいことを言われる・暴力をふるわれる、食事がない、など虐待を受けているとき

どんな方法で：「189」に電話をかけると、住んでいる地域の児童相談所につながる

＊24時間つながる・無料

障害者虐待防止センター

相談できる人：障害のある人（手帳をもっていない人も含む）

どんなとき：障害者虐待を受けているとき（134ページを読んでみましょう）

どんな方法で：①近くにあるセンターを調べる「〇〇（自分の住んでいる地名）　障害者虐待防止センター」で検索！　②電話やメールする、窓口に行って相談する

NPO法人ぷるすあるは「子ども情報ステーション」

どんなサイト：精神障害やこころの不調などをかかえた親と家族、その子どもを応援するサイト

どんなときに：親が精神障害になってどうしたらいいかわからない、相談先や制度について知りたいときに、サイトをみてみよう。便利な情報がわかりやすくのっている

NPO法人東京メンタルヘルス・スクエア「こころのほっとチャット」

どんなときに：悩んでいること、つらいことをなんでも無料でカウンセラーに相談できる

どんな方法で：
LINE:（@kokorohotchat）
＊LINEできる日：毎日
　（09:00〜11:50、12:00〜15:50、17:00〜20:50、21:00〜23:50）
＊相談受付時間や、1回の利用時間についてはホームページを確認

進路・進学・大学生活についての困りごと

進路って どうやって決めたらいい？

みなさんには、
将来、なりたい職業や、

やりたいことは ありますか？

もちろん、なりたい職業や、やりたいことを
はっきりと 考えている人も いると思いますし、
あまり考えたことが ない人も いるでしょう。
ひょっとしたら、自分には 障害が あるから、

やれることは ないかな と

思っている人も いるかもしれません。

あなたに 覚えておいてほしい、
とても 大切なことが あります。
それは **学校を 卒業した後の進路は、**
みなさんの可能性や できることを
広げるものだ、ということです。

いま、できていることから進路を 考えても いいですし、

いまは できていなくても、
将来できるように なりたいことを
進路に 考えても いいんです。

「自分は 勉強が できないから、
合格できるところは 少ないよ」と
思っている人も いるかもしれません。

進路には 大学や 短期大学、
専門学校など いろいろ あります。
入学するための テストの やり方や
難しさも それぞれです。

(150ページに くわしく 書いてあります)

ですから、進路を決める時には、

できないことよりも、
みなさんが 得意なこと、好きなことを
考えて決めると いいと思います。

進学して学んだことが
仕事に つながることも ありますから、
得意なことや 好きなことだと
楽しく生きられます。

進学する前に
したほうが いいことは？

進学することを 考えたら、

まずは 行きたい学校や 気になる学校を

いくつか 決めましょう。

行きたい学校や 気になる学校の

オープンキャンパス（学校説明会）に

参加してみましょう。

その時に、あなたの希望する 合理的配慮が

どれくらい受けられるか

あらかじめ 聞いてみると いいと思います。

＊合理的配慮については 18 ページを 見てください

受験時の合理的配慮の準備も

高校１～２年生くらいから

少しずつ 考えられると よいでしょう。

＊受験時の合理的配慮については 146 ページを 見てください

「合理的配慮が 受けられない」 とか

納得できる答えが 返ってこない時は どうしましょう。

その時は こう言ってください。

「合理的配慮は 私たちの権利です。」

あなた一人で言っても うまく 伝わらない時は

家族や先生、知り合いの人など

あなたの進学を 手伝ってくれる人を 探して

進学先へ いっしょに 伝えましょう。

まだ、みなさんのように 障害のある人のことを

よく知らない先生たちが いると思います。

あなたが これまで、どうやって勉強してきたか、暮らしてきたか、

どうなると学びやすいかを 教えてあげてください。

そうすると、先生たちも 合理的配慮が

よく わかるかも しれません。

大変なことも あると思いますが、

あなたが 学校に 向かっていくことが

他のだれかの道も ひらくと 思います。

受験時の合理的配慮は
どのように準備したらいい？

受験の時も、前もって申請して認められると
合理的配慮が 受けられます。

たとえば、試験の時間を 延ばしたり、
問題の出し方を 変えたり、回答のやり方を 変えたりできます。

大学入学共通テストを 受ける人は
大学入試センターに 「受験上の配慮申請」 が できます。
サイトを 検索すると必要な資料が わかります。
テストの出願をする前にも 申請できるので
テストを 受ける前に
認められる 合理的配慮が 何か わかります。

申請するには 「受験上の配慮申請書」 と、
「診断書」 などを 提出する必要が あります。
「診断書」 は あなたが 高校３年生になってから、
医師に 書いてもらわないといけません。
あなたの障害のことを よく知っている医師を
１〜２年生のうちから、探しておきましょう。

申請する合理的配慮の内容によっては、
学校の校長先生や 担任の先生に
「状況報告書」 を
書いてもらわないと いけません。
あなたが 高校で
どのように 学んでいるか、
どんなことが 難しいかを
書くことになるので、
1～2年生のうちから、
先生に 伝えておきましょう。

ほかのテスト
（推薦、AO、前期・後期入試など）
を受ける時は
受ける学校の募集要項に
「障害のある受験者」 について
説明が 書いてあるか 探してみましょう。
書いてない時は、募集要項の問い合わせ先に
「受験で 合理的配慮を 受けたいです」 と伝えましょう。

障害のある人と はじめて関わる先生も いると思うので、

あきらめることなく、ねばりづよく、
合理的配慮が 必要なことを 伝えましょう。

大学や進学先での困りごとはどうしたらいい？

大学や 進学した学校で 困ったことが あった時には、
相談できるところが あります。

たとえば、「**障害学生支援室**」 です。
学校によって 名前は いろいろ変わっていますが、

インターネットで、
「〇△学校　障害学生支援」 と 調べると、
相談できるところが わかります。

障害学生支援室では、大学や進学した学校で
授業を 受ける時などに 必要な
合理的配慮について 相談することが できます。

学校によっては、「障害学生支援室」 という名前ではなく
「学生相談室」 や 「保健室」 というところも あります。
名前は バラバラでも、**障害のある学生に**
合理的配慮を することは 学校の大事な仕事ですので、
あなたは 遠慮なく 伝えてください。

あなたが 勉強のことや

将来の進路のことで 困ったら、

学部の先生や、キャリア支援室、

就職課などに 相談できます。

「学校の先生には 相談しにくいな」と 思うことは、

もし、あなたに 学校で 友だちや 知り合いが できたら

友だちや 知り合いに 聞いても いいでしょう。

あなたのことを 助けてくれる人は 必ずいます。

聞くことへの 合理的配慮の例	PC 通訳、ノートテイク、手話通訳、音声認識ソフトの利用
見ることへの 合理的配慮の例	資料や試験問題のテキストデータの提供、拡大コピー、点訳、対面朗読、代筆、代読、学内移動のガイドヘルプ
動くことへの 合理的配慮の例	代筆、PC 筆記、食事介助、移動介助、トイレ介助、筆記試験の時間延長
書くことへの合理的配慮の例	PC 筆記、代筆、筆記試験の時間延長
コミュニケーションへの 合理的配慮の例	情報の具体的な提示、重要な情報の強調、実験やグループワーク時の役割の明示

＊各学校によって提供される支援の種類はちがいます。
  これ以外の合理的配慮を求めても大丈夫です

進路・進学・大学生活についての困りごと　　149

⑥ 進路って？

中学校や 特別支援学校の
中学部を 卒業したあとは、
高校やサポート校、
高等専門学校（高専）や
特別支援学校の高等部などの
進路が あります。

中学校を 卒業したあと

高校にも、
いくつか種類が あります。
全日制高校は、週に 5 日
毎日学校に 通います。
定時制高校は、
授業時間が 短かったり、
夜に学校に 行ったりします。

通信制高校は、
自宅での自主学習と
レポートの提出をして、
年数回だけ
学校に 通います。
高校のほかに、
サポート校という 場所も
あります。
サポート校は
学校ではありませんが、
通信制高校で
学ぶのが 大変な時に
助けてくれる
塾のような 場所です。

高等専門学校（高専）は、
機械系や情報系、
土木や建築、
船のことなどを
専門的に 学べる学校です。

高校は 3 年間ですが、
高等専門学校（高専）は
5 年間です。

特別支援学校の高等部は、
障害のある 生徒だけが
いる 学校です。

障害のある生徒の進路

就 労
（障害者福祉）

就労継続支援 （A 型・B 型）	就労移行支援	就 労 （一般枠・障害者枠）

特別支援学校 中等部	特別支援学校 高等部	職業能力開発校
	サポート校	専門学校
中学校 （通常学級・ 特別支援学級）	高等学校	短期大学
	高等専修学校	大学　大学院

中等教育
（特別支援教育）　各種学校　高等専門学校（高専）　高等教育
（障害学生支援）

高校を 卒業したあと

高校などを 卒業したあとは、
大学や短期大学（短大）、
専門学校などの
進路が あります。

高校と 同じように、
通信制の大学も あります。
高校を 出たあとに、
すぐに 働くことも できます。
大学は 基本的に 4年間で、
医学部など 6年間の

ところも あります。
大学は はばひろい知識を
学びながら、
専門の研究を
する 学校です。

特別支援学校の高等部を
卒業して
大学に 通う人も います。
高校を
卒業していない人でも、
高卒認定試験という
試験に 合格して、
大学に 通う人も います。
大学を 卒業して、
もっと 研究したい時には
大学院に 進学できます。

短期大学は 基本的に
2年間で、
仕事や生活に 役立つ知識を
中心に 身につけます。

専門学校では
仕事を するために 必要な
専門の知識や 技術を
身につけます。
短期大学や 専門学校に
行ったあとで、
大学に 進むことも できます。

ほかにも 学校ではないですが、
働くための訓練をする
職業能力開発校という
場所も あります。

学校を 出たあとは、
働いたり、
働くための準備を
することが 多いです。

　＊働くことに ついては、
　　197 ページから
　　くわしく 説明しています

将来、どんなことを
やりたいかを 考えながら
学校や 学ぶ場所を
選ぶと いいでしょう。

⑦ 高校と大学って なにがちがうの？

高校と 大学のちがいは
大きく三つ あります。

自分で時間割を作る

**一つめは、
学びかたが ちがうことです。**

たとえば、
全日制高校では
授業の時間割が
決まっています。
でも、大学では、
あなたが 時間割を
自分で 作ります。
時間割の決めかたは
学部によっても ちがいます。

学部とは、
文学部、医学部…と

いうように、
勉強する中身によって
分かれている

コースのことです。
時間割の中に
たくさんの授業を
入れても いいですし、
必要な授業だけ入れて、
あとは空き時間にする

ということも できます。
授業によって
教室が 変わることも
多いです。

どんな支援が
必要かな？

また、大学では
教室でテストを
受けるだけでなく、
学んだことを
文章でまとめた
「レポート」で
成績がつくことも
多いです。

支援を受けるか
自分で決める

二つめは、
あなたの障害への対応が
ちがうことです。
高校では 保護者や家族が、
あなたの障害について
学校に 伝えて、
合理的配慮や 支援を
決めても かまわないことに
なっています。

でも、大学では
あなたの障害について
自分で 大学に 伝えて、
合理的配慮や 支援が
必要かを 決めることが
基本です。

あなたが
支援を 受けるか
支援を 受けないかを
自分で 決めることは、
高校まででも 大切です。
ですが、大学生など
18才以上は 大人なので、
あなたが 意見を 伝えないと、
合理的配慮や支援は
決められません。

授業内容は 変えられない

三つめは、
学ぶ内容が変えられるか
変えられないかです。
高校では、
あなたの障害のために
何か学べないことが
ある時には
学ぶ内容を
変えてもいいことが
あります。

大学では、
授業で学ぶ内容を
変えることは できません。

たとえば、あなたが
人と話すのが 苦手でも、
学校の先生になりたくて
教育学部で 学ぶ時は
人と話すような授業も
受けることが 必要です。

授業で学ぶ内容は
変えられませんが、
大学でも、合理的配慮は
受けられます。
あなたに 障害があっても、
言葉で言ったことを
文字にしたり、
文字に書いてあることを
言葉にしたりして、
あなたにあった学びかたに
変えることは できるのです。

大学で 授業をする先生は
専門の研究や
経験をした プロです。
合理的配慮を 受けても、
授業で求められる内容が
うまくできないと
成績が よくないことだって
あります。

必要な支援や
合理的配慮を
自分で選んで、
あなたにあった学びかたで、
プロの授業を
受けられる場所が
大学だと考えると

いいでしょう。

介助者をつけて大学に通う
油田 優衣さんの体験

わたしは、中高生の時に
自分と同じような
障害のある先輩と

であいました。

きっかけは、
CIL とのであいや
DO-IT Japan への
参加でした。

＊ CIL について⇒ 196 ページ

＊ DO-IT Japan について

⇒ 164 ページ

その人たちは、24 時間ずっと
ヘルパーによる介助を受けて
ひとり暮らしを しながら、
大学に通っていました。

その姿は、

「**わたしにもできる！**」と

勇気を あたえてくれました。

そして、実家から
遠く はなれた大学を
受験することに しました。

大学でのサポートや、

ひとり暮らしのための介助は

どうなるのか、

少し不安は ありました。

でも、「どうにかなる。

うまくいかなければ、

役所や大学と
交渉すればいい」と
思っていました。

大学の合格が
決まってからは、
急いで準備を 始めました。
毎日の介助を
してくれるヘルパーを
みつけることを
一番に 考えました。

わたしの場合は、
相談支援事業所を
利用しました。
様々な福祉サービスを
利用するためのサポートを
してくれる ところです。
介助サービスの申請や、
ヘルパーを 派遣してくれる
事業所を 探すのを
手伝ってもらいました。

大学生活での移動や
トイレなどの介助は、
大学が役所との交渉を
手伝ってくれました。
結果的に、
市からの福祉サービスを
大学でも
使えるようになりました。

大学進学について
相談できる 機関としては、
相談先リスト（164 ページ）
を見てください。

また、**実際に**
大学に通っていた人や、
いま通っている人に
聞いてみるのも いいでしょう。
うまく情報を 集めて、
自分の希望する進路を
実現できると いいですね。

視覚障害者が多い
進学先をすすめられた
山口 凌河さんの体験

ぼくは、中学 3 年生の時に
レーベル遺伝性視神経症を
発症し、
急に眼が悪くなり、

ほとんど
見えなくなりました。
中学までは 地元の学校に
通っていましたが、
高校から 盲学校に
行きました。
盲学校についている
寮に入り、
白杖を使った
歩行訓練など、
自立訓練を しました。

高校の先生たちは、ぼくに
多くの視覚障害者が行く
進学先（理療科）を

すすめましたが、

ぼくは、
「見えている世界と

見えなくなってからの世界と

両方知っている自分が

活かせるのは、

一般の大学」 と

先生たちに

言いつづけました。

大学の中には、
視覚障害者の受験を

こばむところも ありました。

160

けれど、

ちゃんと受け入れる大学も

あって、

入学することが できました。

進学先の大学は、

支援が たくさんあって、

障害学生支援室を

利用していました。

　　＊障害学生支援室については、
　　　148 ページを見ましょう

ぼくが この時、

大事だと思ったことは、

自分が できること、

できないことを 理解して、

はっきり 伝えることです。

たとえば、

「点字の読み書きは

できるけど、

みんなと 同じように

スラスラと 読むことは

できません」とか

「その場で

授業のリアクションペーパー

（感想文）を 書くことは

できないので、

あとで メールで 送ります」

とか。

ぼくは いま、

会社で 働きながら、

ゴールボールの選手として

活動しています。

東京パラリンピックにも

出場しました。

視覚障害が あっても

働きながら

アスリートに なれることを、

たくさんの人に

知ってもらいたいです。

リアクション
ペーパーは あとで
メールで 送ります。

発達障害のぼくが
学びやすい・働きやすい環境は？
M・H さんの体験

ぼくには 発達障害があって、
小学校・中学校では
大変な思いをしました。
　　＊M さんの小学校での体験は
　　　58 ページに書いてあります

ぼくと同じような
つらい思いをする子が
少なくなるといいなあと
思って、
保育士に なるための
専門学校に 進学しました。

入学したころに、
両親の家を 出て
ひとり暮らしを はじめました。

ぼくは 電車が 苦手で、
学校の近くに
住みたかったからです。

コロナウイルスの流行で、

しばらくは オンラインで
授業を 受けていました。
自分のペースで 学べるため、
オンラインでの授業は
自分にとても あっていました。

学校での授業が

はじまる時は、

とてもつらかったです。

それが きっかけで、
うつ病に なりました。

授業を オンラインで
受けられるよう
合理的配慮を 求めましたが、
学校との交渉は
なかなか
うまく いきませんでした。

心と体を 休めるため、
これから 1年間ほど
学校を 休む予定です。

ぼくにとっては
家が 安全基地なので、
なるべく 外出したくないです。
将来 働くときも、
家から リモートで できる
仕事のほうが
自分に あっていると
思っています。

アルバイトは
バイクで 食事を 届ける
配達員を しています。

このアルバイトでは
シフトを 事前に
出さなくても いいため、
自分の体調が いい時だけ
働くことが できます。
一人で配達を するため、
人との接点も 少なく
自分には
とても あっている
アルバイトです。

進路を 決める時は、
自分自身が
安心できることや 場所を
優先することも
とても 大事です。

参考になるもの

障害のあるリーダー育成プロジェクト「DO-IT Japan」

どんなプロジェクト：障害や病気のある子どもたちの進学とキャリアを支援し、未来のリーダーを育てる

こんなことができる：「スカラープログラム」に参加すると、障害のある先輩と出会い、意見を交換することができる。大学進学後の自立生活や、大学での合理的配慮の求めかた、卒業後の進路を考えるきっかけになる（参加できるのは中学生から大学院生まで）

一般社団法人 全国障害学生支援センター

どんな団体：障害のある子に大学選びや大学受験のときに役立つ情報（『大学案内障害者版』という冊子がある）を提供したり、相談を受けている。Facebookのグループや交流会もおこなっている

どんなときに：入学したい大学で障害のある学生を受け入れたことがあるか知りたいとき。同じ悩みをもつ人と出会いたいとき

ディペックス・ジャパン「障害学生の語り」

どんなサイト：映像・音声・テキストの形式で、障害をもちながら大学などで学んだ経験をもつ人の体験談を紹介するサイト

どんなときに：障害をもちながら大学などで学んだ人たちがどんな経験や工夫をしたのか知りたいとき。サークルやアルバイトなど実際の大学生活の経験もたくさんのっている

独立行政法人 日本学生支援機構障害学生支援

どんな団体：奨学金の貸与などをしている「日本学生支援機構」が、全国の大学の障害学生支援の実態を調べたり、大学むけに障害学生支援のノウハウを提供している

どんなときに：障害のある学生むけの奨学金について知りたいとき。全国の大学で、どんな障害学生支援をしているのかを知りたいとき（支援の例・調査結果が見られる）

暮らし
についての
困りごと

ずっと親と暮らさないと
いけないの？

この本を 読んでいる人の中には、
食事やトイレなど 身のまわりのことを、
親やきょうだいに 手伝ってもらっている人も いると思います。
親やきょうだいに 手助けしてもらって 生活していると、
ありがたいと思うと同時に、気を使って しんどいこと、
がまんしていることも たくさん ありますよね。

でも、親も いつかは年をとり、体が弱ります。
親が 急に病気になることも あります。
きょうだいには きょうだいの人生が あります。

最近は、どんな障害があっても 家族にたよらずに
地域で生きていける世の中になってきました。
親やきょうだい以外にも、
あなたが 生きていくのを 助けてくれる人がいます。

だから、本当は 18 才に なるころには、
自分が 家族にたよらずに どう生きていけるかを考え、
その準備が できていると いいです。
準備が できていないと、
いつまでも親元だったり、入所施設に 入ったりします。

わたしたちが めざす社会は、
障害があっても 障害のない人と 同じように
地域で 暮らしていける社会です。

どんな障害があっても、
支援を得ながら 地域で 暮らしていくことが できます。
親や先生に 相談しても 難しかったら、
この本にのっている連絡先に 気軽に 相談してください。
みなさんの地域で 活動している
よりよい支援機関に つながるはずです。

暮らしについての困りごと

ひとり暮らしをしたいけど、不安がたくさん

最近は、制度が 整ってきて、
相談支援専門員、ヘルパー、訪問看護師など、
たくさんの人が 障害者のひとり暮らしを 支えるように

なってきました。

障害が 重くて、ヘルパーが いつも必要な人にも、
「重度訪問介護」という制度が あります。
役所に 認められれば、24 時間 365 日 ヘルパーが 来てくれます。

役所に 相談に行っても、
ヘルパーの時間数を 十分に 出してくれなかったり、
ヘルパーが 不足していたりして、
苦労することも あるかもしれません。

でも、あなたには 地域で「ひとり暮らしをする権利」が あります。
あきらめないことが 大事です。

あなたといっしょに 行政と 交渉したりして、

ひとり暮らしの実現を 手伝ってくれる支援者も います。

身近にいなくても、いまの時代、志 のある支援者は

地域をこえて みなさんの相談に のってくれます。

いきなり ヘルパーを使って ひとり暮らしをする、といっても、

最初は 不安かもしれないですよね。

練習のつもりで、休日などに 外出支援で ヘルパーを 利用してみると

ヘルパーと 過ごすことに なれると思います。

「自立体験室」を 使って、ヘルパーの支援を 得ながら

ひとり暮らしの体験が できるところもあります。

たいていは、アパートや マンションの一室だったりします。

1泊2日、2泊3日、あるいは1週間など、

そういうところで ひとり暮らしの体験ができると

自信につながります。

今夜はシチューが
食べたいです。

どんなところで
ひとり暮らししたらいい？

いきなり「ひとり暮らし」といっても、

なかなかイメージが つかないかもしれません。

おすすめは、自分と同じような障害のある人が、

どんな家で どんな支援を得て 生活しているか、見学することです。

障害のある人のひとり暮らしといっても、

たいていは アパートや マンションの一室です。

障害のない人との ちがいは ありません。

ときどきテレビや新聞、ネットでも、

障害のある人のひとり暮らしが 紹介されているので、

参考にしても いいでしょう。

障害によっては、おふろやトイレの広さに 条件がある人もいます。

ゆずれない条件を 決めて、あとは 工夫することも 考えましょう。

住みたい町や 部屋の条件が 決まったら、不動産屋に 行きましょう。

不動産屋が 物件を 紹介しようとしても、

大家や 管理会社から 断られることも あります。

障害を理由に 断られたら、「不当な差別的取り扱い」です。

地域の差別 解 消法 相談窓口や「つなぐ窓口」に 相談しましょう。

不動産屋の対応が 悪い時は、居住支援法人に 相談してみましょう。

障害者や高齢者など、

住宅を 見つけにくい人たちの 住む場所を

見つけてくれるところです。

物件を契約する時の 保証人のことも、相談できるでしょう。

なお、生活保護制度を使って ひとり暮らしを する場合、

住宅扶助（家賃の支給）が あります。

住宅扶助の金額は 地域によって ちがいますが、

車いすは 通常の 1.3 倍の補助があり、

少し広い部屋に 住めるかもしれません。

生活保護制度については 次のページに くわしく書いてあります。

生活に 必要なお金って どうするの？

ひとり暮らしには どのくらい
お金が かかるか イメージしましょう。
家賃、水光熱費（水道代、電気代、ガス代）、
食費、学費、交通費、家具・衣類、しゅみ、交際費など、
具体的に 計算してみるといいです。

収入には 主に a ～ c の四つが あります。

a. 障害基礎年金

障害のある人が 20 才になったら もらうことが できる年金です。
障害の種類や 程度によって、
受けられるかどうかや、受けられる金額が ちがうので、
年金を 受けたい場合は、役所の年金事務所に
相談してみましょう。
たとえば、障害の程度が 1 級の人は、1 か月で 8 万 5 千円ほど、
2 級の人は 6 万 8 千円ほど、受けることが できます。

b. 仕事の収入

はたらいて給料を もらうことも、もちろん 収入の一部です。

ただ、就労が 難しい人の場合は、

生活費に 十分な給料を 得ることは 難しいかもしれません。

c. 親の補助

若いうち、あるいは学生のうちは、

親の補助（仕送り）に たよるのも ありだと思います。

でも、いつまでも 親にたよるのは あまりよくないと思います。

d. 生活保護制度

すべての国民に「最低限度の健康で 文化的な生活」を

保障する制度です。

年金や給料で 足りない分は、生活保護費が 充てられます。

重度障害者の場合、生活費が

15万円ほど（家賃こみ）保障されます。

＊金額は住んでいる地域によってちがいます。

医療費などにも扶助（支援のお金）が出るので、

一人で暮らすにはそれなりに十分な額が保障されます

してほしいことを
たのむのが 難しい。気まずい

障害があって、「言えない病」になる人は けっこういます。
言いたいことが あるのに 言えない。
それが くせに なってしまう病気です。

自分が 何か言うと、
まわりの人に イヤな顔をされる、しかられる。
そうした経験が トラウマに なっているからかもしれません。
してほしいことを 言うのは、とても 難しいことです。
ヘルパーのほうが 年上のことも 多いです。
たのんだら、怒られるかもしれない、と
思うことも ありますよね。

「言うこと」「たのむこと」は 難しいことなので、

練習が 必要です。

先輩の障害者や 信頼できる人と いっしょに、

「言うこと」「たのむこと」の練習を しましょう。

「言うこと」を 練習すれば、

虐待から 身を守ることも できます。

仲間がいたら、いやなことがあっても

「言うこと」が できます。

「言えない」に なやんでいる仲間がいたら、

助けてあげてください。

親御さんへの お願いです。

親に しかられることで、

「言えない病」になることも あります。

本人が 安心して言える環境、

たのめる環境を 整えてください。

また、若いうちから ヘルパー利用に なれるのも大事です。

相談できる
場所が ほしい

ふだんの なにげない相談なら、
親、先生、友だちなどに 聞いたらいいと思います。

でも、家族の関係で なやんでいる、
学校や職場、福祉施設で いじめや 虐待にあっている、
ヘルパーや 支援員との関係で なやんでいる、
ひとり暮らしを したいけど 親が反対しそう、などの場合は、
近くに 相談できる人が あまり いないかもしれないです。

自分を 苦しめているのが 身近な人の場合、
なかなか 人に 相談できないですよね。

でも、できるなら、だれかに 話してください。

はずかしかったり、こわくなったりするかもしれないけど、
自分の気持ちを 言葉に してください。

コロナウイルスが 流行してから、

オンラインでも 相談に のりやすくなりました。

同じような障害を もっている 人の立場から、

地域を こえて、相談に のってくれる場合も あります。

「障害者虐待」「差別解消」「自立生活」などで調べたら、

相談窓口は たくさんあります。

自分の障害名・病名で 調べてもいいです。

あきらめずに、自分の気持ちを 言葉にして、

人に 伝えてください。

きっと あなたの気持ちに

耳を かたむけてくれる 人に 出あえます。

障害者手帳で
割引に なるものは

川﨑良太さんのお話

障害者手帳をもっていると 障害の種類や程度によって
乗り物や映画館などが 割引になることがあります。

ぼくは 身体障害者手帳の 1 級を 持っています。
この前、水族館に 無料で
入ることが できました。
息子が「ぼくもそれほしい！」と
うらやましがっていました。

電車の場合（JR）

身体障害者手帳・療育手帳に「第1種」と書いてある	本人・介助者が半額
身体障害者手帳・療育手帳に「第2種」と書いてある	本人が半額

＊精神障害のある人も割引になる電車が増えてきています
JR は 2025 年 4 月から割引が始まります

高速道路

身体障害がある人	半額
「第1種」手帳を持つ人が だれかに運転してもらう場合	半額

＊事前に車を登録する必要があります

飛行機（ANA や JAL）

本人・介助者（1人まで）　2割引き

割引制度は 住んでいる地域にもよるので、
市役所の障害者福祉課で 一覧表を もらってみましょう。

映画館・博物館・美術館など

本人と介助の人が 割引になることが 多いです。

障害のある人が 街に出るときに不便なことは

まだ たくさんあります。
それは、社会が 隘害のある人がいることを
考えてこなかったからです。

ぼくたちが 出ていかないと、街は 変わりません。
使えるものは使って、ちょっとでもお得に 街に出て、
楽しんじゃおう！

選挙って 行くべき？ 投票先は どうやって 決めたらいい？

まちや国のことを ぜんぶ
国民みんなで 話しあって決めることは、

できないですよね。

だから、自分たちの代わりに
話しあいを してくれる人を 選ぶのが 選挙です。
選挙の時には、「代表者になりたい」 という人が
何人も 立候補します。

立候補した人を 選ぶ時には、
考えかたや 人がらを

できるだけ 知ることが 大切です。
自分が 「いいな」 と 思える人に 投票しましょう。
投票は 18才から できます。

立候補した人の考えかたや 人がらは、
テレビや インターネット、新聞などで

見ることが できます。

聴覚に 障害がある人のために、
字幕や 手話がつく映像も あります。

立候補した人の考えを まとめた
「選挙公報」という紙も 役所から 出ています。
「選挙公報」には、視覚に障害がある人のために、
点字版や 音声版も あります。

投票は 投票所に 行って、
自分が 選んだ立候補者の名前を
「投票用紙」という紙に
書くことが 基本です。

障害があって、一人で 投票できない人は、

さまざまな支援を 受けられます。
投票所の職員が 投票用紙に
代わりに 記入してくれる制度も あります。
投票所に 行けない人は
郵便での投票が 認められる場合も あります。
役所に 聞けば、

くわしく教えてもらえます。

代筆を
お願いします。

投票は 国づくりや まちづくりに 参加することです。
投票することで、
自分も社会の一員であることを 実感しましょう。

災害への備えはどうしたらいい？

災害を 乗りきるには、準備が とても大切です。
災害が 起きた時、
「自分は どんな困りごとが ありそうか」
「どんな助けが ほしいか」
「自分や 家族が できることは 何か」を
あなたのまわりにいる人と いっしょに 考えてみましょう。

災害の時には、
「みんなも大変だから わたしも がまんしなければ」
「まわりに めいわくを かけているのではないか」 と
思うかもしれません。
でも、困った時は がまんしないで、
まわりの人に 相談してください。

家族や 近所の人たちが、災害への準備を したり、

災害のあとの生活を よくするためには、

あなたの意見が 必要です。

難しいことや 苦手なことが ある人は、

困りごとを 発見できるからです。

たとえば

歩くのが 難しい人の意見を 取り入れると、

避難所が バリアフリーになります。

地図を理解する ことが 苦手な人の意見を 取り入れると、

防災マップが わかりやすくなります。

ぜひ、あなたの発見を まわりの人に 伝えて、

みんなが 災害から助かるためには どうしたらいいか、

いっしょに 考えてみてください。

 8　障害者手帳(しょうがいしゃてちょう)ってなに？　障害者手帳(しょうがいしゃてちょう)は もらうべき？

障害者手帳(しょうがいしゃてちょう)ってなに？

障害者手帳(しょうがいしゃてちょう)は、
障害(しょうがい)が あることの
証明(しょうめい)になります。

この本(ほん)を
読(よ)んでいる人(ひと)の中(なか)には、
障害者手帳(しょうがいしゃてちょう)を
持(も)っている人(ひと)も いるでしょう。
また、手帳(てちょう)を
これから もらおうか、
なやんでいる人(ひと)も
いると 思(おも)います。

障害者手帳(しょうがいしゃてちょう)が
もらえるのは、
障害(しょうがい)のために、
暮(く)らしの中(なか)で
困(こま)りごとが あって
困(こま)りごとが 長(なが)い期間(きかん)
続(つづ)いている人(ひと)です。

障害者手帳(しょうがいしゃてちょう)を もらうには、
役所(やくしょ)に 申(もう)しこみます。
役所(やくしょ)に 申(もう)しこむ前(まえ)に、
医師(いし)に 診断書(しんだんしょ)を
書(か)いてもらいます。
診断書(しんだんしょ)とは、
「この人(ひと)は 困(こま)っています」と
証明(しょうめい)してもらう書類(しょるい)です。

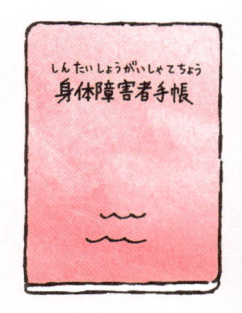

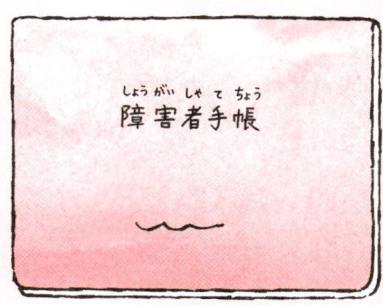

身体障害者手帳（しんたいしょうがいしゃてちょう）

障害者手帳（しょうがいしゃてちょう）

療育手帳（りょういくてちょう）

障害者手帳（しょうがいしゃてちょう）が あると、
いくつかの 福祉（ふくし）サービスを
使（つか）うことが
できるように なります。

たとえば、
こんなことが
できるように なります。

・手帳（てちょう）がある人限定（ひとげんてい）の仕事（しごと）に
　申（もう）しこむことが できます。

・生活費（せいかつひ）や 電車賃（でんしゃちん）など、
　いろいろなことに
　かかるお金（かね）が
　安（やす）くなります。

・障害（しょうがい）のある人（ひと）むけの
　介助（かいじょ）サービスを
　使（つか）うことが できます。

あなたが 手帳を
ほしいと 思っても
医師や 自治体から
必要だと 認められず、
障害者手帳が
もらえない 場合も、
残念ながら あります。

ですが、障害者手帳を
もらえなくても、
使えるサービスも あります。

あなたが 住んでいる
自治体の
障害福祉課の 窓口に、
どんな制度が 使えるのか、
相談してみましょう。

**障害者手帳は
もらうべき？**

障害者手帳は
いつでも 返していいし、
**あなた自身が
「もらわなくてもいい」と
思うなら、
もらわなくても いいのです。**

**障害者手帳を もらうことは、
あなたの権利です。
障害者手帳を 使うことも、
あなたの権利です。**

障害者手帳は、

たとえば

電車の割引など、

手帳を 使って

サービスを 受ける時には、

見せる必要が あります。

しかし、それ以外の時は、

人に見せる必要は

ありません。

あなたが、障害者手帳を

持っていることを

あなたのまわりの人に

教える必要も ありません。

障害者手帳について

あなたに いやなことを

言う人が いるとき

まちがっているのは、

あなたでは ありません。

まちがっているのは、

あなたに いやなことを

言ってくる相手です。

9 災害への備えを進めよう

その1 災害の時を想像してみよう

災害には、
地震　大雨　台風
停電　火事などが あります。

地震のあとには
津波が 起きやすく、
大雨の時には
洪水や 土砂くずれが
起きやすくなります。
津波や洪水、土砂くずれが
起きやすい場所を 調べるには
ハザードマップが 便利です。

家や よく行く場所で、
どんな災害が 起きやすいか
ハザードマップで 確認しましょう。

災害のあとは どんなことが
起きるでしょうか?
災害が 起きてから
1 時間後、2 時間後……と
順番に 考えながら
心配なことや 不安なことを
書いてみましょう。

わからない時は、
親や 学校の先生と
考えても いいです。

その2 自分のことを説明してみよう

災害の時には、
車いすや 白杖などを
使っていても、
気づいてもらえないことが
あります。

合理的配慮が
受けられるように、
自分のことを 繰り返し
説明しなければ なりません。
**自分のことを 説明する
練習を しましょう。**

　＊合理的配慮は 18 ページに
　　説明があります

自分について
説明するための 道具は、
役所や 障害者団体が
配ったり 売ったり
しています。

ヘルプマーク、ヘルプカード、
サポート手帳、
障害を示すバンダナや
ベストなどが あります。

お知らせは紙に書いて教えてください

耳がきこえません

その3 家族やまわりの人と対策しよう

家族や まわりの人と
作戦会議をして、
「その1」で考えた 不安や
心配への対策を しましょう。
簡単に できること、

やりやすいことから
始めてみるのが コツです。

災害への 準備には、
次の三つが あります。

①自分や 家族が準備すること（自助）

持ち出し品と 備蓄品、
食事と トイレ、
安否確認
（無事なことを 伝える方法）、
安全な 環境づくり などの
対策が あります。

役所や企業が つくっている
防災パンフレットを
参考にして
準備を しましょう。
それ以外にも、

あなたが いつも
飲んでいる薬や
持っていると 安心するものが
あれば、
追加を しましょう。

②地域の人と 協力して
準備すること（共助）
防災訓練に 参加したり、
避難所に 行ってみましょう。
地域の活動に 参加して、

あなたが できることを
見つけましょう。

たとえば、
災害の時の困りごとを
発見して 伝える、
先に 避難する
などの役割です。

③国や まちの制度を 使って
準備すること（公助）
災害に 備えるしくみとして
「避難行動要支援者名簿」
（避難を するのに
だれかの助けが
必要な人の 名簿）
「個別避難計画」
（一人ひとりの
避難の方法を 書いたもの）

が あります。

一般の避難所で
すごすことが 難しい人には
「福祉避難所」が あります。

あなたが
住んでいるまちに

どのようなしくみが あるか、
役所で 相談することが

できます。

近所の人に
一緒に避難を
してほしいです。

「退院したい」と言ったら、医師に 大反対された

野瀬時貞さんの体験

ぼくには
脊椎損傷と
脳性麻痺という
障害が あります。
人工呼吸器を 使っています。
6才の時に 入院し、
病院の となりにある
特別支援学校で
学んできました。

高校を 卒業して
しばらく経った ある日、
親友の家に
遊びに 行きました。

その親友は
人工呼吸器を つけて、
ひとり暮らしを していました。

親友が 楽しそうに
暮らしているのを 見て、
うらやましく 思いました。

「医療的ケアの多いぼくに
退院は無理」と
考えていましたが、
親友の生活を 見て、
やはり「退院したい」と
思いました。

ぼくには、親友が
もう一人 います。
その人が、
「日本自立生活センター」
（JCIL）で活動していました。
親友は JCIL の人たちに
ぼくのことを 話してくれました。
おかげで、
ぼくが 退院できるように
JCIL が
動いてくれるように
なりました。

はじめ、病院の医師は
「ひとり暮らしを したら
あぶない」と
退院に 反対していました。
それでも、ぼくが ねばり強く
「退院したい」と
伝えることで、
病院は「自己責任なら」と
ようやく ひとり暮らしを
認めてくれました。

ひっこしのための外出や、
介助者の研修も、
病院の許可を とるのが
大変でしたが、
2019 年 7 月に
無事 退院しました。

入院中は「飲みこむ力に
障害が ある」と言われ、
口から 食べることを
許されませんでした。
でも、退院後に
別の病院で 検査を したら
問題が なかったので、
いまは 口から食事を
とっています。

病院では「褥瘡」（とこずれ）
などを 理由にされて
外出も 難しかったのですが、
いまでは 毎日のように
外出しています。

知的障害のある〇さんの
グループホームでの暮らし
〇さんの体験

知的障害のある 〇 さんは
生まれてから 30 才まで、
家族と いっしょに、
自宅で 暮らしていました。

20 代の間は、
仕事先で うまくいかず
何度か 仕事を
変わったりも していました。
その間に、家の中で
パニックを 起こすことや
感情を
爆発させてしまうことが、
増えてしまいました。

さらに、〇さんは、
時に自分を
子どもあつかいする両親と
なかなか
うまくいかなくなって
きました。

〇さんは家族と話しあい、
家族と はなれて
生活することを 決めました。
その後、
いくつかのグループホームに
体験入居をして 実際に
グループホームの生活が
自分に あっているか どうかを
試しました。

そしてＯさんは、
両親の家から バスで
30 分ほどの場所にある

とある グループホームに
入居しました。

**Ｏさんは、グループホームで
暮らすようになって、
自分の意見を
しっかり、はっきり
言うように なりました。**
Ｏさんの両親も、Ｏさんが
一人の 大人であることを
強く感じ、
大人として 接しなくては と
思うように なったそうです。

Ｏさんは、グループホームで
暮らしていて
みんなと 食事を したり
話したり することが
楽しいと いいます。

たまには、
性格が あまり 合わない人が
話しかけてきて
困ることも あるそうですが、
そんな時は、
自分の部屋で 一人で
ゆっくり すごすそうです。

相談できる場所

障害福祉のサービス（介助など）を使いたいとき

・①困っていることや使いたいサービスについて、市町村の障害福祉課の窓口で相談する　②サービスを使うための申請をする
・申請したあと、「あなたに必要な支援の度合」（障害支援区分）を調べたり、サービスの利用計画書をつくる。申請してからサービスを使えるようになるまで、1か月～2か月くらいかかる

自立生活センター（CIL）

どんな団体：障害のある人が施設や親とではなく、地域で自分らしく生きるために、障害のある人たちが主体になって活動する。障害のある人同士で悩みを話したり、ひとり暮らしを始めるための支援をしたりしている

どんなときに：施設を出て、地域のアパートでひとり暮らしをしたい、障害のある仲間に出会いたいとき

どんな方法で：住んでいる地域に自立生活センターがあるかを調べて、連絡してみよう

全国ホームヘルパー広域自薦登録協会（広域協会）

どんな団体：障害のある人や家族がヘルパーを求人・面接・採用し、各地に設けたヘルパー派遣事業所に登録することで、その人だけの介護チームをつくる

どんなときに：一般のヘルパー派遣事業所では対応できないときや、地方で事業所が近くにないときに相談できる

どんな方法で：ホームページで確認

NHK「災害時障害者のためのサイト」

どんなサイト：災害のとき、支援が必要な障害者や高齢者に役立つ情報をのせる。日頃からどのように災害に備えればいいか、防災や減災のためのヒントを障害の種類ごとにまとめている

どんなときに：地震・津波・洪水が起きたときに、どうしたらいいのか知りたい。自分の障害にあった準備や対応を知りたい

どんな方法で：サイトにアクセスして、気になったページを見てみる

はたらくこと

についての
困りごと

はたらくって何？
はたらかなきゃ いけないの？

「はたらく」とは「仕事をする」ということです。
「はた」は、「まわり」という意味で、
「らく」は「楽」という意味です。

つまり、**「はたらく」とは、**
自分が できることを すれば、
まわりの人が 楽になり、助かる
ということです。

「はたらく」には いろいろな形が あります。
たとえば、
会社で パソコンを使って 文書を 作ること、
スーパーで接客を すること、
工場で 部品を 組み立てること などです。

世の中には さまざまな仕事が ありますから、
たくさんの「はたらく」が あります。

ほかにも、

料理や 洗たくなどの家事も

「はたらく」ですし、

地域の中で ごみ拾いを することも

「はたらく」です。

はたらく理由は、

給料を もらって 生活を するため、

楽しむため、

だれかの 役に立つため、

好きなことや 得意なことを いかすため など、

人によって それぞれです。

どのような理由でも、はらたくことで

だれかが 助かったり、楽になったりします。

だから、「はたらく」ことは、とても すてきなこと ですね。

どんなところで
はたらける？

会社や スーパー、工場などで はたらくことを
「**一般就労**」と いいます。
正社員として長い期間 はたらく人も いますし、
アルバイトやパートで、1日のうち 数時間だけ
はたらく人も います。

まだ 会社で はたらく自信が ない人や、
どんな仕事を したいかで 迷っている人は、
「就労継続支援Ａ型事業所」や
「就労継続支援Ｂ型事業所」という場所で
支援を 受けながら はたらくことも できます。
このような場で はたらくことを「**福祉的就労**」と いいます。

福祉的就労は、障害のある仲間と いっしょに はたらきながら、
さまざまな仕事のやりかたを 覚えたり、
はたらくために 必要な力や 技術を
身につけたりすることが できます。

仕事の種類には、次のようなものが あります。

・外で 体を 動かしてする仕事

・机に むかってする仕事

・ものを つくる仕事

・ものを 売る仕事

・ものを 運ぶ仕事

・そうじや 接客などのサービスを する仕事

仕事の種類によって、

もらえる給料や、はたらく時間は ちがいます。

あなたは どんな仕事を してみたいですか？
はたらいている先輩たちの様子が
くわしく書いてある本が あります。
気になった人は 読んでみてください。

おすすめの本

『「働く」の教科書

：15人の先輩とやりたい仕事を見つけよう！』

監修　菊地一文

編者　全日本手をつなぐ育成会

発行　中央法規

価格　1500円

仕事は どうやって
探したら いいの?

仕事を 探している人と、
働く人を 探している会社を
つなぐ場を「ハローワーク」と いいます。

ハローワークは、
働きたい人の相談を 聞いてアドバイスしたり、
会社を 紹介したり するところです。
だれでも無料で 利用できます。

ハローワークに 行くと、
どんな会社が、どんな人を 探しているか
知ることが できます。

また、障害のある人が

働くことや 生活することを

サポートする場所が あります。

「障害者就業・生活支援センター」と いいます。

障害者就業・生活支援センターは

「なかポツセンター」とも 呼ばれています。

なかポツセンターでは、ハローワークのように

仕事を 紹介してくれたり、

仕事や 生活のなやみを 聞いて、アドバイスしてくれたりします。

こちらも だれでも無料で 利用できます。

ハローワークも なかポツセンターも

全国のいろんなところに あります。

どこにあるか、ぜひ 調べてみましょう。

はたらくために
どんな準備をしたらいい？

「はたらく」うえで 一番大事なことは、

あなたに「はたらきたい」という気持ちが あるかです。

「何か 自分のできることをして

はたらきたい」と

思えるようになるためには、

自分に できる「何か」をして

だれかに「ありがとう」と 言われる経験が 大事です。

次に、「自分に 合っている仕事は 何か」

「自分のしたい仕事は 何か」について

考えることも 大事です。

相談に 乗ってくれる場所は、

ハローワークや なかポツセンターのほかに

「障害者職業センター」があります。

障害者職業センターは、

あなたに どんな仕事が 合っているかを 調べたり、

アドバイスをしたりして、

はたらくために 必要な訓練をする場所です。

また、一般就労するために、

会社で実際に はたらく実習をするなど、

はたらくための準備を するところです。

はたらくための訓練を とおして、

どうやったら、もっとうまく仕事が できるか など、

専門的なアドバイスが 受けられます。

障害者職業センターは 全国の都道府県すべてにあります。

だれでも 無料で 利用できます。

就職活動の時に障害について伝える？

自分の障害について、あまり知らない人に 伝えることは、
勇気が いるかもしれません。

でも、会社に伝えることで、
あなたが 仕事がしやすいように、
合理的配慮を 受けることができます。

＊合理的配慮については 18 ページを みてみましょう

たとえば、言葉だけでなく、
写真や絵で 説明してもらうなど、
見て分かるようにすることが 考えられます。
また、はたらく時間を
変えることも 考えられます。
車いすの場合は、机を低くしたり、
多目的トイレを 設置したりすることが できます。

はたらきやすい環境を 工夫することで、
あなたは、自分の力を 出しやすくなります。

マニュアルを大きな文字で写真つきにしてもらえるとわかりやすいです。

ただし、会社の事情によっては、
お願いしたことが そのとおりに
配慮されないことも あります。
会社と いっしょに 話しあいながら、
はたらきやすい環境を 作ることが 大切です。

まずは、勇気を 出して、
障害のことや 苦手なことを 相談し、
「こうすれば うまくできる」 ということを 伝えてみましょう。
一人で かかえこまず、
会社の人や ジョブコーチと いっしょに、
どうすれば より はたらきやすくなるか、考えていきましょう。

ジョブコーチは、あなたが 長く はたらけるように
支えてくれる専門家です。
どうしたら、もっと 早くたくさん 仕事が できるかを
アドバイスして くれます。

はたらくなかで
どんな支援が 受けられる？

はたらく ということは、
「なんでも一人で できるように なること」 だと
思う人も いるかもしれません。

でも、はたらくことは、だれにも たよらず、
なんでも一人で決め、一人で できるようになる
ということでは ありません。

多くの人が だれかの支援を 受けながら、
仕事や 生活のことを 一つ一つ覚え、
少しずつ できるように なっていきます。

あせらずに、支援を 受け入れ、学んでいくことが 大事です。

そのような姿勢は、あなた自身の成長に つながります。

なかポツセンターや 障害者職業センターなど、
障害のある人が はたらくことを
支える場所は、たくさん あります。

どの場所も、あなたの はたらくうえでのなやみを 聞き、
どうすれば うまく仕事が できるかを 支援してくれます。

ジョブコーチや 支援員が、仕事の環境を 整えたり、

会社の人に 指導のしかたを 教えたりしてくれます。

どうやったら仕事が うまくできるかも、

アドバイスしてくれたりします。

身体障害があって、

仕事中に 介助が 必要な人は、

「就労支援特別事業」や「職場介助者助成金」

という制度を 使うことが できる場合も あります。

まずは、あなたの住む市区町村に

問いあわせてみましょう。

介助を 使いながら はたらくことについて、

くわしく説明している本が あります。

気になった人は、読んでみてください。

このような支援を 受けながら、

あなたができることを 増やし、

成長していくことが できます。

おすすめの本

『なにそれ！？　介助付き就労』

発行：一般社団法人わをん

（ＱＲ コードから読むことが できます）

今の仕事があってない気がする。どうしたらいい？

あなたの いまの気持ちを だれかに 相談してみましょう。
職場の人に 相談しにくい場合は、
なかポツセンターなどの支援員や
ジョブコーチが 相談に のってくれます。
まずは話を 聞いてもらいましょう。
いま 困っていることは 何か、
どうすれば もっとうまく仕事が できるのか、
いっしょに考え、アドバイスしてもらえます。

あるいは、「自分にあった仕事は 何か」
「別の仕事内容が よいのか」などについても
いっしょに考え、アドバイスしてもらえます。

「いまの仕事が、自分に あっていない」と感じた時は、
まず 一人で抱えこまずに、だれかに 相談することが 大事です。

一人で なやみを 抱えこんでしまうと、

仕事が うまく できなかったり、

もっと 苦しくなったり してしまいます。

まずは、家族や 信頼できる 人に、

相談すると、少し 気持ちが 楽に なるかもしれません。

困っていることの 原因が わかり、解決できるかもしれません。

職場を 変えることも できるし、

仕事内容を 変えたりすることも できます。

支援者が 職場まで いっしょに 行って、

交渉してもらうことも あります。

職場の人から
ハラスメントを受けている

「セクハラ」や「パワハラ」という言葉を
聞いたことは ありませんか?

セクハラの「ハラ」、パワハラの「ハラ」は
「ハラスメント」という言葉が 略されたものです。
「ハラスメント」とは「いやがらせ」のことです。

セクハラとは「**セクシュアル・ハラスメント**」のことで、
具体的には **胸やおしりなど 体をさわられることや、**
不快な言葉を かけられたりすること などです。

また、パワハラとは、「**パワー・ハラスメント**」のことで、
具体的には **あなたよりも 上の立場の人が、**
あなたに たくさんの仕事を おしつけることや
逆に、仕事を あたえなかったり、
「クビにする」と おどしたりすること などです。

これらのハラスメントは 法律違反で、

してはいけないことです。

ハラスメントされると、いやな気持ちになり、

仕事が うまくできなくなってしまいます。

もし、あなたが セクハラやパワハラを 受けたら、
決して 一人で なやまずに だれかに 相談しましょう。

まずは 友だちや 家族など、

あなたが 安心して話せる相手に 話しましょう。

なかポツセンター などの支援員や

ジョブコーチに 相談することも 大事です。

ハラスメントについて 相談できる電話窓口も あります。

216 ページの 「相談先リスト」を みてみてください。

きっと だれかが、あなたを 守ってくれるはずです。

知的障害のある E さんのはたらきかた

E さんの体験

知的障害のある E さんは、病院で「看護助手」を しています。

E さんは 学校を 卒業して すぐに、いまの職場に 一般就労しました。

E さんは はたらきはじめた時は、ろうかや 部屋のそうじを 担当していました。

最初は 仕事で わからないことを だれに 聞いたらいいのか わからなかったり、患者さんとの 関わりが 難しかったりして、障害者就業・生活支援センター（なかポツセンター）の 職員さんに 泣きながら 相談していたそうです。

困ったことを 相談して 解決していくことで、だんだん仕事に なれていくことが できました。

仕事に なれてきたころに、
「もっと できる仕事を
増やしたい」と
思うように なりました。

なかポツセンターの
職員さんとも 相談して、
「介護職員初任者研修」を
受けました。
勉強は 本当に 大変でしたが、
なんとか資格を とることが
できました。

いまは 看護師さんと

いっしょに、
患者さんの食事や おふろ
トイレの介助も しています。
患者さんの介助のことで
困ったら、
看護師さんが
アドバイスを くれます。

なかポツセンターの
職員さんは
ときどき ようすを見に
きてくれますが、
いまは、Eさんは 職員さんに
相談することも ないので、
職員さんは
すぐに 帰っていきます。

Eさんは
はたらきはじめて 10年が
経ちました。
だんだん いろんなことが
できるように なって、
患者さんの役にも
立てているので うれしいです。

参考になるもの

一般社団法人わをん「当事者の語りプロジェクト」

どんなプロジェクト：介助者とともに暮らす障害のある人の経験や、写真などをたくさん紹介し、その姿を伝えている。企業ではたらいている重度の障害のある人の経験ものっている

どんなときに：成功した話だけではなく、何度も不採用になった話や、職場のバリアについてなど、リアルな話も知りたいとき

LITALICOワークス「障害のある方の就職事例」

どんなサイト：LITALICOワークス（就労移行支援事業所）から就職した障害のある人のさまざまな例を紹介している（精神障害・知的障害・発達障害・身体障害など）

どんなときに：自分と同じ障害のある人がどんな職業についているのかを知りたい

『こここ』（マガジンハウス）「働くろう者を訪ねて」

どんなサイト：ろう者（手話を自分の言語として生きる人）のなかで、職業についている人を、写真家の齋藤陽道さんが紹介している

どんなときに：ろう者として自分が将来どんな職業につけるのか想像ができないとき。はたらいているろう者のことを知りたいとき。映画監督、八百屋、理容師、政治家、格闘家、いろんな職業についていることがわかる。

総合労働相談センター

どんなときに：クビにされた、給料を下げられた、いじめ・嫌がらせ、パワハラなど、労働についての問題なら、なんでも相談できる

どんな方法で：①あなたの住んでいる地域のセンターを探す　②面談か電話で相談する（予約不要、無料）

楽しみ
についての
困りごと

障害のない友だちと
いっしょに遊びにいけるのかな？

川﨑良太さんのお話

障害のない友だちと

いっしょに 遊ぶと、

めいわくが かかると思って あきらめてしまう。

そんなことは ありませんか。

たとえば、発達障害がある人は

初めて行く場所が こわかったり、

予定が変わると 不安を 感じたりするかもしれません。

ぼくは手足に 障害があって、車いすに 乗っています。

車いすだと 時間が かかるし、

入れない場所も あります。

でも、障害があっても みんなと同じように

遊びを 楽しんでいいんです。

安心してくださいね。

友だちはきっと、あなたといっしょに
遊びに行きたいと思っています。
あなたも 毎日を過ごす家や 学校ではなく
新しい場所で 友だちと同じ体験を したいですよね。
その気持ちを 大切にしながら

まずは チャレンジしてみてください。

もしかしたら、初めは失敗するかもしれません。
人より時間や工夫が 必要だったり、
お金が 少し高くなるかもしれません。
友だちに事情を説明して、
手伝ってもらう場面も たくさんあると思います。

それでも、みんなといっしょだと 楽しいのです。

何回かチャレンジするうちに、
もっといい方法が 見つかります。
友だちも あなたと過ごすことに なれてくるはずです。

ホテルで宿泊を拒否されたら どうしたらいい？

川崎良太さんのお話

ぼくは 初めていったホテルで 宿泊を
断られたことが あります。

「バリアフリールームでは ありません」
「介助の人がいっしょでないと 使えません」と
言われたのです。

ホテルの人は「障害のある人が くると大変だな」
「設備が ないので、困らせてしまうかも」
こんなふうに 思っていたのかもしれません。

そんなときには 自分の説明を してみましょう。
自分の障害や、「だまって車いすを 押されたら困る」など
やられたら困ることを 相手に 伝えてみます。

バリアフリーが 完ぺきではなくても、
工夫があれば泊まれることも 説明してみましょう。
「歯みがきを するための おけ を貸してください」
「ベッドの配置を 変えても いいですか」

ホテルや旅館の人も 多くの人に
泊まってほしいと思ってます。
でも、障害のある人と
どう接したらいいのか わからない人や
「障害のある人には 特別な準備がいるのかな」と
あせる人も たくさんいるのです。

おたがいに 話しあうことで、

わからないことを なくせるといいですね。

でも「何かあった時に 責任がとれない」などを理由に
拒否する ひどいケースも あります。

そういう時は「障害者差別解消法」が
味方してくれます。
地域の相談窓口や「つなぐ窓口」に
連絡してみましょう。

おしゃれをして
楽しみたい

川崎良太さんのお話

ぼくは 入所施設に いたことがあります。

施設では 週に２回しか おふろに入れませんでした。

それでも 髪にジェルをつけて、そのまま寝ていました。

それくらい ぼくは オシャレが好き。

障害があっても 自分の好きな格好を していいのです。

好きな格好で テンションをあげて 街に出ましょう！

まずは髪型。

いまの美容室が 気に入らなかったら 変えてみましょう。

雑誌やネットで 気になる美容室を みつけたら

電話やメールをして 障害のことを伝えます。

苦手なことや さわってほしくない場所などが あったら、

事前に 伝えておきましょう。

いろんな美容室に 通ってみて、

あなたが してみたい髪型や髪色を

積極的に聞いてくれる 美容師さんを 見つけましょう。

次は洋服です。「いいな」と思う服が あっても、
着ごこちやサイズが 自分にぴったりかどうか
買う前には わからない時もありますね。

車いすで入れる 広い試着室は なかなかないし、
あったとしても、なれない場所で
着がえるのは つかれます。

そんなときは 家にある服を使って
イメージを ふくらませて。
ぼくも いろいろ試していくうちに、
着られる服や 着たい服が
見つけられるように なってきました。

運転免許って
取れるの？

18 歳をすぎて 車の免許が ほしくなったら、
安全運転相談窓口に 連絡することになっています。
（バイクの免許は 16 歳から 取ることができます）

安全運転相談窓口では、医師の診断などをもとに
あなたの障害の種類・状態から、
・運転が できる／できない
・条件つきならば 運転できる
（たとえば、特別な装置をつければ 運転できる）
などを 判断します。
残念ながら、障害によっては
運転が 認められないことも あります。

相談を受けたら、自動車教習所へ 通いましょう。
ここで、運転するための技術を 習います。

自動車教習所を 卒業したあとは、

免許センターで試験を 受けます。

この試験に受かると 運転免許を 取ることができます。

試験の時に 必要な合理的配慮を

受けることもできます。

あなたの住んでいる地域によっては

自動車教習所で かかったお金や、

車に装置をつけたときに かかったお金の一部を

はらってくれるところもあります。

精神障害などを理由に

免許を 取り上げられることもあります。

納得できない時には

弁護士さんに 相談する

行政不服審査法に 申立をする

などの方法があります。

どうしても アルバイトが してみたい

川﨑良太さんの体験

障害が あっても

アルバイトをして お金を貯めて

自分の好きなことに

使いたいですよね。

ぼくは 手足に 障害があって

車いすに 乗っていますが、

高校を卒業したあと

高齢者の施設で

仕事を していました。

おじいさん おばあさんと

話したり

イベントの司会をしたり

パソコンの入力作業をしたり

そういう仕事でした。

車いすに乗っている

ぼくの友だちは

高校生のときに

アルバイトを

していたそうです。

カラオケ店の前で 看板を持って

お客さんを 呼びこむ

アルバイトです。

障害があっても

できるアルバイトは あります。

ですが **求人広告を みると、**

ほとんどの求人が

障害のある人のことを

イメージしていません。

障害のない人には たくさんの
アルバイト先が あるのに、
障害のある人たちには
アルバイト先が ないのは、
くやしいことです。

アルバイトがみつからない時は
まわりの人に
「お手伝いではなく
何かアルバイトを させて」と
言ってみるのは
どうでしょう。

働いてお金を もらうことは
大変なことなので
「お願いしたことを ちゃんと
やってもらえそうだな」と
分かってもらうように、
あなたから説明することも
大切かなと思います。

いいアルバイト先が
みつかると いいですね。

自分で貯めたお金の
使い道を 考えるのって
すてきなことですよ。

相談できる場所

警視庁「安全運転相談窓口」

どんなときに：18才以上になって、運転免許がほしくなったとき

どうやって：電話（#8080）で

＊電話以外の方法で相談したい人は近くの安全運転相談窓口へ

障害者の欠格条項をなくす会

どんな団体：障害や病気を理由に、資格や免許を制限する法律を、「欠格条項」という。欠格条項をなくすために1999年にできた団体

どんなときに：障害や病気を理由に資格や仕事、免許を取り上げられた

どんな方法で：メールで相談

info_restrict@dpi-japan.org

障害<ruby>しょうがい</ruby>
についての
困<ruby>こま</ruby>りごと

自分に 障害があるのかを 知りたい

「障害」には、見た目で わかる障害と
わからない障害があります。
見た目で わからない障害には、
発達障害・知的障害・精神障害などが あります。

このページが 気になったあなたは、
「自分には 見た目では わからない障害が

あるかもしれない」
「自分のこういう特徴は もしかして 障害なのかな？」と

なやんでいるかもしれません。

生活の中で、次のようなことが続いていたら、
医師に相談を してみるのも よいでしょう。

・自分自身や まわりの人が いつも困っている
・解決策を試してみたけれど 解決しない
・ねむれない 食べられない 外出できない

・とてもつかれやすい

発達障害・知的障害・精神障害は、
心療内科や 精神科の医師が 専門です。
あなたや 家族から
困りごとや 小さいころの様子について、
話を聞いたり、いろいろな検査を したりします。
そして、あなたに 障害があるかを 判断します。

医師から「あなたに 障害は ないです」と 言われても、
あなたが 困っていることは 事実です。
別の人にも 相談してみましょう。
大切なのは、障害が あってもなくても
あなたが 困っていることを、解決することです。

また、「体が痛い」「つかれやすい」などの症状は、
発達障害・知的障害・精神障害ではなく、
別の障害や病気であることも あります。
その場合は 別の病院で 相談してみましょう。

障害の診断をされた。どうしよう？

障害には 次のような種類が あります。
・見た目で わかる障害／わからない障害
・生まれつきの障害／生まれつきではない障害

見た目で わからない障害や
生まれつきではない障害の人は
ある日とつぜん「あなたには障害があります」と
言われることが あります。

このページが 気になったあなたは、
障害がある と急に言われて、
「どんな障害なんだろう」
「自分は将来、どうなるのだろう」と
不安になっている かもしれません。

障害の診断は なんのために あるのでしょうか。

いまの社会は

障害のない人を 中心に つくられています。

あなたや まわりの人が あなたのことを 知るために、

そして、あなたにとって 必要な制度を 使うために、

いまの社会では、障害の診断が 必要なのです。

もし、社会が あなたと同じ障害のある人ばかりで、

あなたと同じ障害のある人を

中心につくられていたら、どうでしょう。

障害の診断は 必要がないかもしれません。

あなたの障害が どんな障害なのか

そして、どんな合理的配慮が 必要なのか

知ることを 大切にしてください。

不安に思っている人は 次のページを 見てみましょう。

自分の障害について知る方法を 紹介しています。

自分の障害について
知りたい

あなたは、「自分の障害について 知りたいけれど、

どうしたらいいのか わからない」 と

困っているかもしれません。

または、「自分の障害について 調べたけれど

ピンとこない、 どうしたらいいか わからない」

という人も いるかもしれません。

自分の障害について もっと知りたい時に、

おすすめが 二つ あります。

①同じ障害のある人と話す

自分と同じ障害がある人の話を 聞いたり、

同じ障害がある人が 書いた記事や本を

読んでみたりしてください。

一人ではなく、何人かと話すのを おすすめします。

共通する経験も ちがう経験も あります。

「将来どうなるか？」のイメージも しやすくなるでしょう。

②自分のまわりの人に 聞いてみる

自分の家族や 学校の先生、

友だちや 医師など

あなたのことを よく知っている人に

聞いてみるのも よいですね。

自分のことでも、気づいていないこともあります。

同じ障害がある人どうしでも、

その障害の状態は、一人ひとり ちがいます。

そのため、同じ障害がある人でも、

困りごとや 解決策が ちがう場合が あるのです。

そして、障害については 明らかになっていないことも

たくさん あります。

同じ障害のある人の話も まわりの人の話も

ぜんぶの内容を 受け入れる必要は ありません。

参考にできそうなアドバイスを 参考にしましょう。

まわりの人から
ジロジロ見られるのが いやだ

油田優衣さんのお話

私にも、まわりの視線が いやだった時期が あります。
小学校高学年から中学生の時です。
買い物や お散歩を 楽しみたいのに
まわりの視線が 気になって、
早くその場から にげ出したいと 思っていました。

しかし、中学生の時に、
地域で自立生活をする障害者に 出会ったり、
「社会モデル」の考え方を 知ったりしたことで、
ものごとのとらえ方が 変わりました。
　　　＊社会モデルについては 14 ページをみてみましょう
それまでの私は、
障害のある自分の姿が「変わっている」から、
ジロジロ見られるのは しかたないと 思っていました。

でも、そうではない。
ジロジロ見る人が いるのは、この社会が
「障害者がいて当たり前の社会」に なっていないから。

多くの人は、障害のある人に
出会えていなくて、慣れてない。
だから、めずらしいと思って つい見てしまう。
障害者に慣れていない社会のほうが、まだまだなんだ。
社会を変えるためにも、障害のある私が 外に出て、
人に知ってもらうことは とても大事なこと。
そう考えるように なりました。

その考え方は、ちょっぴり私を 強くしてくれて、
前よりも視線が 気にならなくなりました。
いまでは、「障害のある人の存在を知ってほしい」と
思いながら外出しています。

障害のある人が めずらしくなくなって
特別に見向きもされないくらい
「障害者がいて あたりまえの社会」になってほしいですね。

障害について まわりに知らせたほうがいい？

この本を読んでいる人の中には、
障害があることが 見た目で わかる人と、
わからない人が いると思います。

見た目では障害があると わからなくて、
誤解されて 困ったことは ありませんか？
自分の障害について まわりの人に知らせるどうか、
迷っている人も いるかもしれません。

・たまに会う知り合い
・習いごとで同じクラスに なっただけの人
・学校への行き帰りに あいさつするだけの 近所の人

こうした、あまり親しくない人が 相手の時は
障害があることを 相手に知らせておかないと
トラブルが起こりそうか
自分が困った時に、味方になってくれるかどうかを
ヒントにすると よいかもしれません。

相手に障害を 知らせることで、

あなたが困ったときに 助けてくれたり

あなたの味方に なってくれたり

しそうな場合は、知らせておくと よいでしょう。

見た目では わからない障害があることを 示すために

「ヘルプマーク」 というものが あります。

持ちものに ヘルプマークを つけるのも

まわりの人に 障害について知らせる

ひとつの よい方法かもしれません。

ヘルプマークは 役所の窓口などで もらえます。

たいせつなのは

だれにどこまで どのようにして

あなたの障害について 知らせるかは

あなた自身が 決めていい、

ということです。

自分が発達障害だと わかったとき

宇樹義子さんの体験

私は 幼稚園生 ぐらいから
生きづらさを 感じていました。
「私はどこか、
まわりの人と ちがう」と
思っていました。

原因も わからないままに
思春期を過ぎ、大人になって
その「何か ちがう」という
感覚は どんどん大きく
なっていきました。

20代は 仕事が続かず、
自宅に ひきこもっていました。
自分の発達障害に
気づいたのは
30歳に なった時。

鍼灸の先生から
「あなたは
耳が 聞こえすぎている」と
教えられ、
自分には五感が 敏感すぎる
「感覚過敏」 という症状が
あることを 知りました。
そこから発達障害に
気づきました。

32歳の時に
「高機能自閉症」という
診断を 受けました。
自分は 障害者なのだと思うと
深く落ちこむ気持ちは

ありました。
しかし、安心する気持ちも
大きかったです。

それまでは、
自分が 人と ちがうこと
みんなと 同じにできないことを
自分のあまえや
だらしなさのせいだと
思ってきました。
でも、自分のできないことが
障害のせいだった と思うと、
とても 安心したのです。

いま、私は 44歳。
診断を受けてから 12年です。
「障害さえなければ」と
思うことは、
今でもあります。

しかし、自分のあつかい方が
少しずつ わかってきました。
自分のよい面に
目が向けられるようにも

なってきました。

これからも いろいろなことを
乗りこえながら
生きていきたいと
思っています。

ろう者の私が 自分にあった サポートを 受けるまで

伊藤芳浩さんの体験

私は 耳が

ほとんど きこえません。

人と話をする時や

情報を得る時は

手話を 使っています。

わたしが子どものころ

学校で手話を 使うことや

手話を 使って学ぶことが

できませんでした。

なので、高校までは

文字で勉強を していました。

たとえば、

先生の板書や 教科書などです。

大学に入ると

授業の内容が 難しくなります。

しかも、先生は

説明する時に しゃべるだけで

黒板や プリントを

使わないことばかりです。

情報を 文字で

伝えてくれないので

私は勉強に

ついていけなくなりました。

そこで大学4年生の時に

先生に 思いきって

相談を しました。

大学での合理的配慮として、
ゼミのメンバーと議論する時に

ティーチング・アシスタントを
（学習の補助をしてくれる職員
＝ＴＡ）

つけてもらうことにしたのです。

ＴＡ からわからないところを
教えてもらうことが できます。

ですが、そもそもわたしには
ゼミのみんなが なんの話を

しているのかが わかりません。

何がわからないのかが

わからないので

ＴＡ に 質問できませんでした。

それでも なんとか

卒業することができました。

会社に入ってからは
研修などに 手話通訳を

つけてもらいました。

手話通訳をつけると
話の内容が よくわかり、
知識を 広げることが
できました。

自分がわかる方法で

サポートを 受けることは

とても大切です。

⑩ テクノロジーを使(つか)って できるように なってきたこと

不自由(ふじゆう)は ずっと続(つづ)く？

障害(しょうがい)のあるあなたは
「不自由(ふじゆう)だな」「不便(ふべん)だな」と
感(かん)じることが 日々(ひび)、たくさん
あるのでは ないでしょうか。

たしかに、
そのとおりだと思(おも)います。
体(からだ)が 不自由(ふじゆう)で
好(す)きな時(とき)に 出(で)かけられない、
目(め)や耳(みみ)に 不自由(ふじゆう)さがあって
コミュニケーションが 大変(たいへん)だ、
考(かんが)えたり
理解(りかい)したりすることが
難(むずか)しい、など。

これを読(よ)んでいるあなたの
「不自由(ふじゆう)さ」や「不便(ふべん)さ」は
これから先(さき)の人生(じんせい)も続(つづ)いて、
なかなか簡単(かんたん)には
解決(かいけつ)しないように
感(かん)じられるかもしれません。

技術の発展で
できることが増える？

ですが、世の中は、
どんどん変わっていきます。

とくに、情報通信技術などの
（Information and
Communication Technology
: ICT）
コンピューターを
はじめとする
さまざまな技術の
発展によって
「できるようになること」が
増えてきているのです。

ICTで
できるようになること

たとえば、あなたが使っている
スマートフォンは
20年前にはなかったものです。
手話を使う人たちは
音声翻訳アプリで
コミュニケーションが
取れるように なりました。

他にも、スマートフォンや
パソコンが、
インターネットの情報を
読み上げてくれる技術が発達し
視覚に障害がある人たちは、
さまざまな情報に
アクセス（手に入る、使える）
しやすくなりました。

さらには、身体が
ほとんど動かせない人が、
視線だけでパソコンを
操作できる技術や、
自分の意思を
伝えられる装置なども、
開発されています。

明日の英語の授業は・・・

あなたの「しんどさ」も いつか変わるかもしれない

ＩＣＴ および
さまざまな技術は、
急速に進化し続けています。

**あなたの「障害」や
「しんどさ」にも、いつか
ＩＣＴ やさまざまな技術が、
大きな便利さを
もたらしてくれる日が
来るかもしれません。**

もちろん、技術だけでは
解決しないこともありますが
社会や、人々の意識も、
10 年も経つと
大きく変わっていきます。

さまざまな技術と、
人の意識の、
両方が変わっていけば、
10 年後や 20 年後の
あなたの生活は、
もっと楽しいものに、
なっているかもしれません。

残念ながら まだできないこと これから 変えていけること

あなたは 今の社会が、
自分にとって 生きづらい場所だと
感じているかもしれません。

出かけるのが 不便だったり、
自分の障害を わかってもらえる と思えなかったり……。

それは たしかに、「社会のあり方」の問題です。
自分に 障害があるせいだ、と
あなたが 思っていないのは 正解です。

あなたが 見ているとおり、社会は 問題だらけです。
けれども 「社会」は、いろんな人が
「これはおかしい」と声を あげることで、
少しずつ変わってきた歴史が あります。

もしかしたら あなたも、
社会を 変える一人に なれるかもしれません。
この本が そのきっかけになると、うれしいです。

10年前には、学校に電子教科書は ありませんでした。
駅にエレベーターが ついたのも、
25年ほど前からです。
合理的配慮という言葉も、
まだ広がりだしたところです。

バリアフリーに なっていない交通機関も あります。
学校行事で「親のつきそい」を
求められてしまうかもしれません。
介助の必要な人が 企業などで 働くための制度は、
まだ十分では ありません。

**それでも、「社会はこれからも変わっていく」と
思ってほしいのです。**

国連で定めた「**障害者権利条約**」という
人権のルールがあります。
それは、障害のある人が、障害がない人と 同じように
平等に 生きられるように するものです。
日本の政府は、それを「守ります」と約束しました。

あなたが 生きやすいように
社会を 変えるための努力は、今も続けられています。

参考になるもの

手帳（身体障害・精神障害）がほしいとき

- 必要な書類を相談窓口に聞いてみる（医師の診断書や証明写真、マイナンバーカードなど）
- 住んでいる地域の障害福祉課に申請する

療育手帳がほしいとき

- 18才以下：児童相談所に申請して、認定してもらう
- 18才以上：心身障害者福祉センターや、知的障害者更生相談所などに申請する

マンガ「ヒトはそれを『発達障害』と名づけました」

どんなマンガ：筑波大学がつくったマンガ。かわいいキャラクターを使って、発達障害について伝える。無料で読める

どんなときに：自分の特性を考えたいとき、まわりの人に自分の特性を伝えるたいとき、まわりにいる人の特性をよりよく理解するために

発達障害者支援センター

相談できる人：発達障害の人、発達障害が疑われる人、家族

どんなときに：生活や学校のなかで、発達障害にまつわる困りごとがある。どこに相談していいかわからないとき

どんな方法で：あなたの住んでいる地域のセンターを探して、問い合わせてみよう

内閣府「障害のある人の相談窓口」リスト

どんなサイト：障害の種類にかかわらず、すべての相談窓口が紹介されている

どんなときに：どこに相談すればいいのかわからないとき

どんな方法で：サイトにアクセスして、気になったページを見てみる

編著者プロフィール

野口 晃菜 ⸺⸺⸺⸺⸺ 担当ページ：14-17、36-53、72-73、230-235

さまざまなバリアがないインクルーシブな社会をつくるための活動をしています。特にインクルーシブな学校づくりが専門。共著『LDが見つけたこんな勉強法』（合同出版）『差別のない社会をつくるインクルーシブ教育』（学事出版）など。

松波 めぐみ ⸺⸺⸺⸺ 担当ページ：22-27、66-67、248-249

会社員だった20代に自立生活をしている人と友達になったのが原点。専門は障害学と人権教育。いまは大学で合理的配慮にかかわる仕事をしています。著書『「社会モデルで考える」ためのレッスン』（生活書院）。

執筆者プロフィール（掲載順）

間宮 静香 ⸺⸺⸺⸺⸺ 担当ページ：28-31、34-35

弁護士で大学院生で大学の先生です。子どもの権利を守る仕事や権利を知ってもらう活動をしています。編著『子どもの権利をまもるスクールロイヤー』（風間書房）、共著『子どもコミッショナーはなぜ必要か』（明石書店）など。

伊藤 芳浩 ⸺⸺⸺⸺⸺ 担当ページ：54-57、242-243

日本手話を第一言語とするろう者。NPO法人インフォメーションギャップバスター理事長。情報アクセシビリティ・DEI推進・人権啓発をテーマに講演活動をしている。著書『マイノリティ・マーケティング』（ちくま新書）。

川端 舞 ⸺⸺⸺⸺⸺ 担当ページ：60-61

障害者活動家。生まれつき運動障害と言語障害がありながら、小中高と、地域の学校に通った経験をもとに、どんな障害があっても、地域の学校に通う権利があることを社会に広める活動をしている。

油田 優衣 ⸺⸺⸺⸺ 担当ページ：62-63、114-115、158-159、236-237

1997年生まれ。福岡県出身。脊髄性筋萎縮症II型。大学進学と同時に24時間の公的な介助サービスを使いながらひとり暮らしを始める。日本自立生活センター（JCIL）スタッフ。京都大学大学院教育学研究科博士課程。毎日の癒しはお風呂。

青山 郁子（あおやま いくこ）
担当ページ：68-71、80-83

都留文科大学 国際教育学科 教授。世界の教育に関心のある大学生たちといっしょに学校心理学を学んでいます。また、いじめの予防と介入をテーマに研究をしています。子ども、保護者、教師の心の健康、海外の予防教育にも関心があります。著書『いじめ予防スキルアップガイド：エビデンスに基づく安心・安全な学校づくりの実践』（金子書房）。

玉木 幸則（たまき ゆきのり）
担当ページ：74-79、122-133、138-139

1968 年生まれ。生まれつき脳性マヒ。一般社団法人兵庫県相談支援ネットワーク代表理事や社会福祉法人西宮市社会福祉協議会権利擁護普及推進および相談支援アドバイザーなどを務めている。2025 年 3 月で終了したＮＨＫＥテレ『バリバラ』にご意見番として 16 年間出演していた。

雁屋 優（かりや ゆう）
担当ページ：84-85

医療・科学・社会課題を主に執筆している文筆家。アルビノ（眼皮膚白皮症）、自閉スペクトラム（ＡＳＤ）、うつ病と生きる病者。大学で生物学を学ぶ。著書『マイノリティの「つながらない権利」』（明石書店）。

大藪 光俊（おおやぶ みつとし）
担当ページ：86-87

脊髄性筋萎縮症 II 型の当事者として、日本自立生活センターで仕事をしています。障害のある人の自立支援や地域移行支援など、どんな障害があっても地域で自分らしく生きられる世の中をめざして、地道に活動しています。

門下 祐子（かどした ゆうこ）
担当ページ：90-97、100-105

京都教育大学 総合教育臨床センター 講師。障害のある人の「性の権利」を尊重した教育や支援に関する研究をしています。性教育ユニット「ユウユウミハル」などの活動にも取り組んでいます。

星野 俊樹（ほしの としき）
担当ページ：98-99、108-11

ジェンダー教育実践者。子どもたちと人権について考えたり、学んだりしています。本の仕事は『これからの男の子たちへ』（著書の対談相手として）や「差別のない社会をつくるインクルーシブ教育」（分担執筆）に関わりました。

延原 稚枝（のぶはら わかえ）

担当ページ：106-107、118-119

駒澤大学 文学部 社会学科 専任講師。障害がある人の「生活」における人権に関心があります。特に子育てやセクシュアリティについて研究をしています。分担執筆した書籍『差別のない社会をつくるインクルーシブ教育』。

植木 智（うえき さとる）

担当ページ：112-113

脳性まひで、電動車いすを使って生活をしています。生まれた時に割りあてられた性別が女性で、性自認が男性の「FTM トランスジェンダー」です。重度訪問介護を使ってひとり暮らしをしながら、講演活動をしたり、YouTube で障害のあるセクシュアルマイノリティにかんする情報を発信したりしています。

山口 凌河（やまぐち りょうが）

担当ページ：116-117、160-161

幼いころから野球に打ちこむ。中学生の時に視力が急激に低下し視界の中心が見えづらくなる病気（レーベル病）を発症。進学した盲学校でゴールボールと出会う。企業に勤めながら、東京 2020 パラリンピック、パリ 2024 パラリンピックに日本代表選手として出場した。

青木 志帆（あおき しほ）

担当ページ：134-137

弁護士／社会福祉士。8 年間、市役所で障害のある人の支援をするお仕事にかかわったのち、まちの法律事務所へ移って仕事をしています。著書『【増補改訂版】相談支援の処「法」箋』（現代書館）。

佐々木 銀河（ささき ぎんが）

担当ページ：142-154

筑波大学 人間系 准教授。大学進学を希望する障害のある人や大学にいる障害のある学生に対して、合理的配慮やさまざまなサポートがどうやったらうまくいくかを考えて実践したり、研究したりする仕事をしています。書籍『ヒトはそれを「発達障害」と名づけました』（金子書房）を編集・解説しました。

渡邉 琢（わたなべ たく）

担当ページ：166-177

日本自立生活センター 介助コーディネーター 相談支援員。自立生活運動に関わって 25 年ほど経ちます。たくさんの出会いがあり、人生が豊かになりました。『障害者の傷、介助者の痛み』（青土社、2018）などの著書もあります。

川﨑 良太
担当ページ：178-179、218-223

日本の南のほうにある鹿児島県に住んでいます。かわいい妻と息子と暮らしていて生活のことはヘルパーさんに助けてもらっています。仕事は自立生活センター（CIL）の代表をしていて、障害があって困ったり悩んだりしている人の相談にのっています。

堀川 諭
担当ページ：180-181

京都の大学で教員をやっています。知的障害のある人も選挙で投票しやすくするためにどうすればいいか、ということを研究しています。ぼくは背が高くて、会った人にびっくりされますが、性格はおだやかです。

白神 晃子
担当ページ：182-183、188-191

立正大学 社会福祉学部 准教授。大学で「社会福祉」を教えています。障害のある人とその家族や特別支援学校の先生たちといっしょに障害のある人の「防災」を進める活動をしています。うまれつき手足に障害があり、同じ障害のある仲間たちと支えあう活動もしています。

宇樹 義子
担当ページ：184-187

ライター、日本語教師。ASD、複雑性PTSD。心の傷をなおす方法と、発達障害の子どもを助ける方法を勉強している。著書『＃発達系女子の明るい人生計画』『80年生まれ、佐藤愛』。

野瀬 時貞
担当ページ：192-193

日本自立生活センターでピアサポーターとして活動しています。障害のある人からおなやみを聞いていっしょに解決する仕事です。

打浪 文子
担当ページ：194-195、244-247

立正大学社会福祉学部で、知的障害がある人への情報保障やコミュニケーション支援を研究しています。著書『知的障害のある人たちと「ことば」――「わかりやすさ」と「情報保障」・「合理的配慮」』（生活書院）。

菊地 一文
担当ページ：198-213

弘前大学 教職大学院 教授。知的障害のある人の学びや生活、仕事等に関する研究をしています。著書『確かな力が育つ知的障害教育「自立活動」Q＆A』『知的障害教育における「学びをつなぐ」キャリアデザイン』など。

障害のある10代のための困りごと解決ハンドブック

あなたがあなたらしく生きるためのヒント

2025 年 4 月 30 日　第一版第一刷発行

編著者	野口晃菜・松波めぐみ
発行者	菊地泰博
ブックデザイン	北田雄一郎
イラスト	根津あやぼ
編集	向山夏奈
印刷所	平河工業社（本文）
	東光印刷所（カバー）
製本所	鶴亀製本
発行所	株式会社 現代書館

〒102-0072　東京都千代田区飯田橋 3-2-5
電話 03（3221）1321　FAX03（3262）5906
振替 00120-3-83725
http://www.gendaishokan.co.jp/

つまり、「合理的配慮」って、こういうこと?!
共に学ぶための実践事例集

インクルーシブ教育データバンク 編 1200 円＋税

障害のある子もない子も同じ教室、同じ教材で、楽しくみんなが参加できる教科学習、行事、学級づくり、学校生活の様々な工夫、「共に学ぶ」ための障壁は何かの視点から考えた、合理的配慮の実践 30 例を統一フォーマットにわかりやすく整理。

RESPECT
男の子が知っておきたいセックスのすべて

インティ・シャベス・ペレス 著 みっつん 訳
重見大介 医療監修 1800 円＋税

正直に、恥ずかしがらないで！ 2018 年にレイプ罪が法改正されたスウェーデンから届いた、自由で安全で安心な性教育ガイドブック。ひとりでも、カップルでも、親子でも…さまざまなシチュエーションに役立ちます。すべての男性におすすめ！

人間としての尊厳
ノーマライゼーションの原点・
知的障害者とどうつきあうか

スウェーデン社会庁 原著 二文字理明 訳 1200 円＋税

知的障害者を個人として尊重するために、施設で働く職員はどのように振る舞い、どのようなことに配慮するべきか。ノーマライゼーションの思想を具体的な行動に表すための実践の書。スウェーデン社会庁や国連による宣言文等、資料も充実！